W0266291

Udo Kerzinger

Fondsverkauf einfach gemacht

Wie Vermittler erfolgreich Kunden gewinnen und Investments oder Fondspolicen präsentieren

Zweite, neu bearbeitete und erweiterte Auflage

VersicherungsJournal-Praktikerhandbuch

VersicherungsJournal Verlag GmbH
Rathausstraße 15, 22926 Ahrensburg, Deutschland
Telefon: +49 (0)4102 7777880
E-Mail: kontakt@versicherungsjournal.de
www.versicherungsjournal.de

VersicherungsJournal-Praktikerhandbuch

Udo Kerzinger
Fondsverkauf einfach gemacht
Wie Vermittler erfolgreich Kunden gewinnen
und Investments oder Fondspolicen präsentieren

Zweite, überarbeitete und erweiterte Auflage

ISBN dieser Version: 978-3-938226-57-5

Titelbild: © s_h / Fotolia.com
Porträt des Autors: Fotografie Silke Sommer
Grafiken (wenn nicht anders ausgewiesen): Jan Pieloth
Lektorat und Gestaltung: Myrto Anna Rieger

Copyright 2017 by:
Udo Kerzinger und VersicherungsJournal Verlag GmbH
Jeglicher Nachdruck und jede Verwertung der Inhalte – auch auszugsweise – sowohl in gedruckter Form als auch in elektronischen Medien bedürfen der schriftlichen Genehmigung durch den Verlag.

Vorwort

Geldanlage und Finanzplanung bewegen sich in Deutschland seit jeher auf einem schwierigen Terrain. In Zeiten eines anhaltenden Niedrigzinsumfelds und einer Vielzahl geopolitischer Krisen hat sich die Risikoaversion deutscher Sparer in den vergangenen Jahren noch einmal verschärft.

Die Deutschen sparen im internationalen Vergleich sehr viel, oftmals aber leider auch nicht zielgerichtet. Dies hat eine Reihe historischer Ursachen, aber zunehmend auch mit einem Mangel an Wissen und fachkundiger Beratung zu tun, wenn es um die Geldanlage geht.

Die Notwendigkeit, angesichts des demografischen Wandels in unserem Land und einer sich abzeichnenden Zinswende die persönlichen Vorsorgeziele zu überdenken, ist groß. Ein weit verbreitetes Unwissen über die Chancen und Risiken der Geldanlage aber hält viele Deutsche weiter davon ab, aktiv und zielgerichtet zu investieren.

So bleibt das Interesse der deutschen Sparer am Aktienmarkt auch angesichts attraktiver Renditen verhalten. Gleichzeitig sind vermeintlich sichere Spareinlagen wie Tagesgeldkonten trotz noch niedrigerer Zinsen in den letzten Jahren weiter in der Gunst gestiegen. Dies zeigt der Investor Pulse, eine der weltweit umfassendsten Umfragen zu den Themen Sparen, Investieren und Ruhestandsplanung, die das britische Marktforschungsunternehmen Cicero Group im Auftrag von BlackRock 2014 das dritte Jahr in Folge durchgeführt hat.

Dieser Umfrage zufolge sind 19 Prozent der Deutschen weniger als noch vor fünf Jahren daran interessiert, in Aktien zu investieren. Der Wert des deutschen Aktienindex DAX hat sich in diesem Zeitraum nahezu verdoppelt. Aber dennoch zeigen nur 13 Prozent ein stärkeres Interesse an Aktien als vor fünf Jahren. Der Rest der Befragten hat seine Meinung gegenüber dieser Anlageklasse nicht geändert, ist sich unsicher oder macht keine Angaben.

Dieses Zögern ist umso erstaunlicher, da 35 Prozent optimistisch bis sehr optimistisch auf die künftige Entwicklung des deutschen Aktienmarktes schauen. Die Studie zeigt in bemerkenswerter Weise ebenfalls auf, dass die Mehrheit der Deutschen der Finanzberatung nicht oder nur wenig traut – obwohl die gleiche Mehrheit einräumt, dass ein Umdenken bei der Geldanlage insbesondere im Hinblick auf die Altersvorsorge notwendig wäre. In dieser Hinsicht belegt die Umfrage, dass es verbreitet an Wissen fehlt, um fundierte Anlageentscheidungen zu treffen.

Zwar zeigen die für die Studie Befragten in ihrer Selbsteinschätzung deutlich mehr Vertrauen in die eigenen Anlageentscheidungen als andere Europäer. Und rund die Hälfte glaubt, bereit dazu zu sein, bei der Geldanlage ein gewisses Risiko in Kauf zu nehmen. Aber nur ein Viertel fühlt sich gut über Spar- und Anlageprodukte unterrichtet und weniger als ein Drittel möchte mehr über Anlagemöglichkeiten erfahren.

Udo Kerzinger ist als Unternehmer und Berater seit rund fünfzehn Jahren im Bereich der Finanzberatung tätig und weiß um den Anlagenotstand der deutschen Sparer wie um den schlechten Ruf, der der Anlageberatung in Deutschland vorauseilt. In seinem Buch nimmt er sich nicht weniger als ein umfassendes Plädoyer für eine nachhaltige Finanzberatung vor. Eine Beratung, die die Bedürfnisse des Anlegers versteht und ihm in verständlichen Worten aufzeigt, dass Investieren an den Kapitalmärkten heute mehr denn je eine Alternative zum klassischen Sparen sein sollte.

Udo Kerzinger kann dabei auf seine langjährige Erfahrung als Finanzmarktspezialist wie auch als Vertriebstrainer zurückgreifen. Er setzt dort an, wo es wehtut.

Wie kann es gelingen, Sparern in Deutschland die Vorzüge von guter Finanzberatung nahezubringen, wie lässt sich das verloren gegangene Vertrauen in die Finanzindustrie als solche wiederherstellen? Dabei räumt Udo Kerzinger mit einer Reihe von Missverständnissen und Mythen auf und schildert anhand zahlreicher Beispiele und in sehr verständlicher Art und Weise, dass sich eine umfassende Beratung für jeden Sparer langfristig bezahlt macht.

Einen umfassenden Einblick in die Welt der Kapitalmärkte und Anlageprodukte hält sein Buch ebenso bereit, wie eine fundierte Auseinandersetzung mit den Aspekten guter Beratung sowie den wichtigsten Fragen von Anlegern. Als erfahrener Vertreter seiner Branche weiß Udo Kerzinger, dass ein Umdenken Zeit und Vertrauen braucht und ein guter Finanzberater die Sprache seiner Kunden sprechen muss.

Daher leistet sein Buch einen wichtigen Beitrag zur anhaltenden Diskussion um die richtige Strategie zur Altersvorsorge in unserem Land und kann dabei helfen, die wohlbekannten Vorurteile über Anlageprodukte weiter zu versachlichen.

Christian Machts
Managing Director
BlackRock Asset Management Deutschland AG

Vorwort zur ersten Auflage
Im September 2015

Inhalt

Einleitung 15

I. Versicherungsvermittler: Warum sie gebraucht werden 18

1. Das Image der Branche 18
   1.1. Vom mangelnden Interesse an der Altersvorsorge 23
   1.2. Vertriebe und ihre Provision 28
   1.3. Finanzberatung vs. Brötchen verkaufen 29

2. Der Markt – Zinsen am Abgrund 31
   2.1. Geldanlage früher und heute 31
   2.2. Erklärungsbedürftige Produkte als Chance 33
   2.3. Alternativen zu Fonds 35

3. Verkaufen sich Fonds anders? 35
   3.1. Produktkategorien 35
   3.2. Über die Bedeutung der Verkäuferpersönlichkeit 36
   3.3. Zur finanziellen Dimension eines Investments 37

4. Positionierung beim Kunden 38
   4.1. Warum bei Ihnen? 38
   4.2. Eine Schwäche für die Stärke haben 39
   4.3. Die Presse, des Maklers größter Wettbewerber 41
   4.4. Angelesene Argumente parieren 44

II. Das Einmaleins der Fondskunde 48

1. Eine fachliche Basis schaffen 48

2. Markt und Börse 49
   2.1. Geschichte 49

2.2. Der Kapitalmarkt 50
2.3. Der Rentenmarkt 51
2.4. Der Aktienmarkt 55
2.5. Aktienindizes 57

3. Investmentfonds 59
3.1. Geschichte 59
3.2. Zu den Vorteilen eines Fonds 60
3.3. Fondsarten 64
3.4. Die Kosten 69

4. Zur Auswahl von Investmentfonds 72
4.1. Jeder ist der Beste, nur welcher ist der Richtige? 72
4.2. Geeignete Investmentfonds auswählen 73

5. Risikominimierung statt Renditeoptimierung 74

6. Fonds oder Fondspolice 80
6.1. Eine neue Ausgangslage für Makler 80
6.2. Argumente für die Fondspolice 81
6.3. Kriterien zur Auswahl einer Gesellschaft 85

7. Über Ängste des Kunden 86
7.1. Risiken für Sie und für Ihren Kunden 86
7.2. Der Kunde will das Produkt gar nicht 89
7.3. Was tun, wenn die Anlage schlecht läuft? 90
7.4. Sicherheit oder Garantie 91
7.5. Spielregeln der Beratertätigkeit 96

III. Fallen und Risiken im Vertrieb 98

1. Die Vorbereitung auf Verkaufsgespräche 98
1.1. Niemand hört zu 98
1.2. Auf das Lernen folgt die Umsetzung 100

1.3. Das Büro organisieren und Interessenten gewinnen 100

2. Entwickeln Sie Ihren eigenen Prozess 101
2.1. Ihre Vision 103
2.2. Das Alleinstellungsmerkmal (oder warum bei Ihnen?) 107
2.3. Zur Sichtbarkeit des Vermittlers 111
2.4. Zielgruppe und Spezialisierung 115
2.5. Interessenten gewinnen 118
2.6. Empfehlungen 128
2.7. Der Verkauf 130
2.8. Betreuung des Bestandes 130
2.9. Kontinuierliche Optimierung 133

IV. Das Kundengespräch 135

1. Strukturiert zum Erfolg 135

2. Das Phasenmodell PAPA 136

3. Die Person des Vermittlers: „Human being“ 138
3.1. Verändern Sie doch Ihre Einstellung 138
3.2. Der Weg vom „human doing“ zum „human being“ 139
3.3. Die Kunst des Zuhörens und Reden-Lassens 140

4. Zu den vier Phasen des Verkaufsgesprächs 142
4.1. Persönliche Beziehungsphase 142
4.2. Analyse – Disqualifizierung und mentale Hygiene 151
4.3. Präsentation 161

5. Wann sind Sie ein guter Berater? 187

V. Kundenfragen und Einwandbehandlung 189

1. Drei Arten von Einwänden 189

2. Einwandbehandlung ... 191

VI. Checkliste: der eigene Status quo ... 195

Fazit und Dank ... 198

Über den Autor ... 200

Einleitung

Nach zwölf Jahren Tätigkeit im Strukturvertrieb und inzwischen vier Jahren als Verkaufsstrainer und Unternehmer für Finanzdienstleistungen war es an der Zeit, einmal über meine Erfahrungen in der Beratung und Vermittlung zu berichten. Warum? Kurz möchte ich über meine Motivation erzählen, dieses Buch zu schreiben.

Zu oft habe ich erlebt und auch in Erzählungen von Maklern gehört, dass die Bemühungen von uns Vermittlern im Sande verlaufen. Diese Makler geben sich viel Mühe in der Beratung zur Altersversorgung, im Speziellen zur fondsgebundenen Altersversorgung, um dem Kunden alles zu erklären. Sämtliche Dokumente werden mit ihm durchgegangen (weil es rechtlich gefordert wird). Stunde um Stunde wird dafür verwendet – und der Interessent gibt danach diesen berühmt-berüchtigten Satz von sich: „Da muss ich noch einmal drüber schlafen“.

Im Anschluss an dieses Beratungsgespräch geht der Interessent zu einem Mitarbeiter eines anderen Hauses, der weniger im Fachlichen, sondern eher verkäuferisch, psychologisch und mental geschult ist. Dieser Verkäufer schafft es in kürzester Zeit, das Produkt des ersten Maklers schlechtzureden und auf Basis eines Bruchteils der Dokumente den Abschluss zu erzielen. Der Kunde ist danach sogar erleichtert, weil ihn zu viel Papier auch erschlagen kann.

Immer wieder höre ich in meinen Schulungen, wie anstrengend der Beruf geworden ist, wie viele sogenannte schwarze Schafe den Kunden schlechte Produkte verkaufen usw. Zu dieser Problematik habe ich über die Jahre meine eigenen Studien betrieben. Jedes Mal, wenn ich im Finanz- und Versicherungsordner meiner zukünftigen Kunden etwas gesehen habe, das keinen Sinn macht, habe ich die Frage gestellt: „Warum haben Sie das denn unterschrieben?“. Und wissen Sie, wie die Antwort in der Regel lautete? „Der Berater war so nett.“

Wenn man das als Basis nimmt, um zu erkennen, wie erfolgreiches Verkaufen funktioniert, wird schnell klar: Nicht das Fachwissen ist ausschlaggebend. Zu viele Personen, gerade in der Finanzbranche, sind schlecht ausgebildet, verkaufen aber jede Menge Produkte. Es sind eher die psychologischen Faktoren, die bei einem Abschluss zählen. Damit der Kunde aber in den folgenden Jahren nicht die Lust und Ausdauer für seine Altersvorsorge verliert, müssen Produkte verkauft werden, die der Kunde braucht, die er wirklich haben will und die zu seiner persönlichen Situation passen.

Doch selbst im Jahr 2016 gab es immer noch viele Personen im Vertrieb, die über das Produkt verkaufen. Obwohl den meisten klar ist, dass die Produkte immer vergleichbarer werden und der Kunde die Angebote im Bereich der Altersvorsorge sowieso nicht versteht, versuchen sie, sich über die Produktvorteile zu definieren.

Nur – Produktwissen haben die meisten Berater mehr als genug. Der Kunde aber kann deren Wissensstand leider nicht einschätzen und wird tendenziell immer zu demjenigen Berater gehen, dem er vertraut.

Aus diesem Grunde müssen sich Finanzberater, falls nicht schon geschehen, im Gespräch von den Produkten entfernen und eher sich und die Gefühle, die mit den Produkten verbunden sind, verkaufen. Wie dieser Ansatz mit den gesetzlichen und protokolltechnischen Vorgaben zu vereinbaren ist, wird im Laufe des Buches noch behandelt.

Ich sehe mich nicht als Trainer, der Ihnen erzählt, wie Verkaufen funktioniert. Dafür sind die meisten von Ihnen viel zu lange dabei und haben wahrscheinlich bereits jede Menge Produkte verkauft. Ich sehe mich als Unternehmer, der nach wie vor selbst im Verkauf tätig ist und aus Spaß an den Trainings zeigen möchte, wie seine eigene Vorgehensweise ist. Sie selbst sind erfahren genug, das zu übernehmen, was Ihnen gefällt und wovon Sie glauben, dass es Ihnen weiterhilft.

Das Buch soll als Überblick dienen und ein praktisch orientiertes Ideenwerk sein, das Ihnen Möglichkeiten aufzeigt, vielleicht wieder etwas einfacher zu verkaufen. Es richtet sich in erster Linie an Vermittler nach § 34f und 34d der Gewerbeordnung (GewO) mit ihren besonderen Pflichten in der Kundenberatung. Und auch wenn im

Text oft vom Makler zu lesen ist, so wird der Versicherungsvertreter ebenfalls den einen oder anderen Tipp für seine Beratungs- und Verkaufsprozesse finden.[1]

Im Laufe des Buches erfahren Sie, wie man einen Beratungsprozess strukturiert und wie Verkaufsgespräche vorbereitet sowie anschließend erfolgreich durchgeführt werden. Des Weiteren wird über verschiedene Kundentypen und deren Einstellungen berichtet sowie aufgezeigt, wie der Verkäufer damit umgehen kann.

Ein zentraler Bestandteil ist die Darstellung von Fragen des Kapitalmarktes, von Investments und Fonds. Dies geschieht stets aus vertrieblicher Sicht, es geht um die Einordnung dieser Themen in die Beratungssituation. Erwarten Sie keine fachliche Erörterung der Produktwelt. Hierfür gibt es genügend Handbücher auf dem Markt, die Produkte und Techniken im Detail erklären.

Ich bin weniger ein Mann, der über Hunderte von Seiten in aller Ausführlichkeit in die Tiefe geht. Mir ist es wichtig, dass die Basis – die Grundeinstellung als Verkäufer – stimmt. Von einem gesunden Fundament kann jeder in der Richtung, die er für sich wählt, tiefer eintauchen und seinen eigenen Stil entwickeln beziehungsweise ausbauen. Das ist sowieso von viel größerer Bedeutung. Wenn aber die Basis nicht vorhanden ist, wird jeder Versuch einer Vertiefung scheitern.

Alle Aussagen zu Fonds, Fondsprodukten und zur Entwicklung von Aktienwerten und Märkten, die in diesem Buch getroffen werden, haben beispielhaften Charakter. Sie dienen lediglich zur Veranschaulichung und Unterstützung des Leseverständnisses und sind nicht im Sinne einer Anlageberatung oder Empfehlung zu verstehen.

Udo Kerzinger

Mössingen bei Tübingen
Im Mai 2017

---

1 Zur Leseerleichterung wird in diesem Buch bei Berufsbezeichnungen o. Ä. die männliche Form genutzt. Gemeint sind, wenn nicht explizit anders dargestellt, immer beide, also z. B. Vermittlerinnen und Vermittler.

I. Versicherungsvermittler: Warum sie gebraucht werden

1. Das Image der Branche

Versetzen Sie sich bitte in folgende Situation:

Sie sind Makler und bringen als Deckungskonzept oder White-Label-Produkt eine neue fondsgebundene Rente auf den Markt. Sie drucken Prospekte und Flyer über das Angebot und produzieren einen Fernsehwerbespot. Anschließend positionieren Sie Ihre Informationen über die Vorteile des Produktes und Ihrer Person in allen sozialen Medien, um das Produkt und sich selbst bekannt zu machen.

Unzählige Menschen teilen die Werbung bei Facebook & Co., beschreiben ihre Begeisterung und fiebern dem noch geheim gehaltenen Starttermin entgegen.

Wenn Sie dann endlich den Tag bekannt geben, ab dem der Versicherungsschutz bei Ihnen zu erhalten ist, reichen gestandene Führungskräfte und einkommensstarke Kunden Urlaub ein, um sicherzugehen, am Tag der Eröffnung dieses Altersvorsorgeprodukt auch erwerben zu können. Hunderte Interessenten sammeln sich vor Ihrem Büro und campieren dort mit Zelten und Verpflegung bereits zwei Tage vor der Eröffnung. Denn sie wollen die Ersten sein, die dieses Produkt ergattern.

Die Camper berichten bereits Wochen vorher all ihren Bekannten über das Objekt ihrer Begierde. Nach ihrem Fang zeigen sie stolz den erworbenen Besitz. Sie laufen mit dem Versicherungsschein bewaffnet durch ihre Nachbarschaft und präsentieren ihre Trophäe. Der Neid steht den Anderen ins Gesicht geschrieben. Ihr Wunsch, dieses Produkt ebenfalls zu besitzen, wächst von Tag zu Tag und mit jedem Bekannten, der es letztendlich auch hat.

In den darauf folgenden Wochen sitzen unzählige Menschen im Wartezimmer vor Ihrem Büro und warten auf eine persönliche Beratung, um diesen Versicherungsschutz zu erwerben. Sie selbst nutzen zwei Besprechungszimmer, die mit einer Durchgangstür verbunden sind. Von 8.00 bis 18.00 Uhr wechseln Sie im 30-Minuten-Takt von einem Zimmer ins nächste und schließen ein Produkt nach dem anderen ab, während vorn Ihre Assistenten die Termine koordinieren, Anträge bearbeiten und die Provisionszahlungen kontrollieren, die fast täglich auf Ihr Konto fließen.

Echte Hardcore-Fans lassen sich das Logo der Anbietergesellschaft oder Ihrer Makleragentur auf eine Fahne drucken. Sie behängen damit ihr Automobil und fahren die Fahnen stolz durch die Gegend. Immer wenn der Fonds des von Ihnen vermittelten Altersvorsorgeprodukts neue Höchststände erreicht hat und den Kunden die aktuelle Wertmitteilung ins Haus flattert, setzen sich diese in ihr Auto und fahren hupend durch die Stadt, um allen zu zeigen, wie stolz sie auf Sie und Ihre Beratungserfolge sind.

Egal, wo Sie auftauchen, fordern Kunden Autogramme, machen Selfies mit Ihnen und posten diese auf Facebook. Das größte Problem, welches Sie haben, ist, dass Sie nicht genug Angestellte finden, um alle Anfragen abzuarbeiten.

▶ Träumen darf man doch, oder?

Doch kommen wir nun zur Realität. Warum funktioniert das oben beschriebene Szenario bei Firmen wie Apple, bei Ärzten mit Expertenstatus oder Fußballweltmeisterschaften so hervorragend, nicht aber in der Altersvorsorge und bei deren Finanzberatern oder Vermittlern?

Bei Apple gibt es ein systematisch über die Jahre aufgebautes strategisches Marketing und Lifestyle-Konzept. Kein Mensch brauchte die Geräte zuvor – aber alle wollen sie jetzt haben. Steve Jobs, Mitgründer und bis zu seinem Tod im Oktober 2011 Chef von Apple Inc., hat es geschafft, mit seinen Produkten Probleme der Menschheit zu lösen, die diese vorher gar nicht hatte.

Warum viele Ärzte auch ohne Akquise volle Wartezimmer haben, im Minutentakt Behandlungen durchführen und Rechnungen an Patienten und Krankenkassen schreiben, hat sicherlich viele Ursachen und soll hier nicht näher erläutert werden. Der Gedanke, als Finanzberater ähnliche Arbeitsweisen und Quoten wie oben beschrieben zu erreichen, hat aber einiges für sich. Ein Grund für den großen Andrang in Arztpraxen mag sein, dass der Patient den Schmerz beziehungsweise die Abwesenheit von Gesundheit direkt körperlich spürt. Eine Wunde tut weh, der Verwundete sucht also aktiv nach Abhilfe.

Die Abwesenheit von Altersvorsorge beziehungsweise einem Vermögen, das erst in dreißig Jahren dringend benötigt wird, erzeugt dagegen keinen physischen Schmerz bei Menschen. Auch wenn jeder, dessen Bankautomat bereits einmal mangels Kontodeckung kein Geld ausbezahlt hat, diese schmerzhafte Empfindung durchaus kennt. Doch dann helfen Banken mit Dispokrediten und Ähnlichem kurzfristig weiter.

Als Berater und Vermittler können wir nur versuchen, den finanziellen Schmerz, den viele Rentner heute bereits tagtäglich spüren, wohldosiert und mental in das Beratungsgespräch vorzuziehen, so dass Menschen aktiv werden und etwas für die Zukunft tun, bevor es zu spät ist. Das ist Teil unseres Jobs.

Das emotionsbeladene Thema Fußball samt Länderfähnchen wiederum hat eine ganz andere Größenordnung. Fußballbegeisterte Menschen geben Geld für diese sicherlich nicht lebensnotwendigen Produkte aus, um ein positives Gefühl zu bekommen. Als Fan ist man dabei.

Wenn ich mir Fußball anschaue, denke ich jedes Mal: Wie kann es sein, dass man anderen Menschen beim Geld verdienen zuschaut? Niemand beobachtet ja auch in einem Optikergeschäft den Besitzer 90 Minuten dabei, wie er Brillen verkauft und damit sein Geld verdient.

Wenn wir uns die Produktwelt, in welcher wir uns täglich bewegen, anschauen, können wir sie in vier Bereiche einteilen. Zum ersten Mal wurde mir dies in einer sehr eindrücklichen Grafik bei einer Veranstaltung vom Berliner Deutschen Institut für Altersvorsorge GmbH (DIA) präsentiert. Dort wurde die auf der nachfolgenden Seite ausgeführte Grafik gezeigt.

Bilder oben links: ©Pixabay CCo

Im Quadranten auf der rechten oberen Hälfte befinden sich alle Produkte, die jeder will und jeder braucht. Das könnten beispielsweise Lebensmittel sein. Jedem Menschen ist klar, dass er Wasser und Nahrung benötigt, weshalb er sie auch haben möchte.

Im linken oberen Quadranten ordnen sich all diejenigen Artikel ein, die im Prinzip keiner braucht, die aber alle besitzen wollen. Dort würde ich zum Beispiel Firmen wie Apple oder Porsche und ihre Produkte einordnen. Auch auf die Gefahr hin, dass jetzt der eine oder andere das Buch in die Ecke wirft und mich verflucht: Wir alle müssen ehrlicherweise zugeben, dass man auch mit einem Kia von A nach B kommt.

Dennoch hätten wir lieber den Sportwagen. Weil dieser zu den Lifestyle-Produkten gehört, die Menschen aus unterschiedlichen, aber letztendlich nicht zwingenden Gründen kaufen. Sie tun es aus Gründen der damit verbundenen gesellschaftlichen Anerkennung oder aus Gründen der Ästhetik. Das darf auch alles sein, dafür haben diese Personen schließlich hart gearbeitet.

Im unteren linken Bereich der oben gezeigten Grafik befinden sich alle Produkte, die keiner braucht und die auch keiner haben will. Das könnten beispielsweise frische Kakerlaken auf Sauce hollandaise aus dem benachbarten Supermarkt sein. Sie merken, selbst wenn solche Produkte hergestellt würden, gäbe es sie nicht lange am Markt, denn keiner würde sie kaufen.

Zum Schluss, im Quadranten unten rechts, gibt es noch den Bereich der Produkte, die jeder braucht, aber keiner haben will – weil sie eben nicht „hipp“ oder überlebensnotwendig sind. Dazu gehören auch alle erklärungsbedürftigen Produkte, die das Leben des Kunden deutlich einfacherer, sicherer oder gesünder machen. Darunter fallen Themen, die vielleicht auch in der Vergangenheit nicht nur positiv besetzt waren.

Sie ahnen es bereits, genau in diesem Bereich befinden sich die Versicherungen und die Altersvorsorge. Vielleicht trauern Sie jetzt dem Quadranten von Apple und Co. nach – weil es doch so viel einfacher wäre, hiervon etwas zu verkaufen. Doch das glaube ich im Grunde genommen nicht. Einerseits, weil auch auf diesem Gebiet Wettbewerb herrscht; zum anderen sind die Gewinnmargen kleiner. Man kann hier durchaus gutes Geld verdienen, meistens aber nur über die Masse.

Das Schöne an dem unteren rechten Quadranten wiederum ist, dass es oftmals im Vergleich zu anderen Branchen noch gute Margen gibt und der Wettbewerb kleiner ist. Schließllich sind diese Geschäftsfelder nicht so beliebt unter den Verkäufern.

Nun wird ein Versicherungs- oder Altersvorsorgeprodukt in naher Zukunft sicherlich nicht zum Lifestyle-Produkt werden. Wenn Sie es aber schaffen, durch Kommunikation, Rhetorik und mentale Einstellung die Produkte in ihrem Stellenwert etwas mehr nach oben oder links oben zu schieben, kann der Beruf des Finanzberaters fast wieder zum Traumberuf werden.

1.1. Vom mangelnden Interesse an der Altersvorsorge

Menschen beschäftigen sich also gern und intensiv mit Dingen, die einen unmittelbaren Wert für sie haben. Haben sie einen direkten, greifbaren Nutzen – seien es sozialer Status, Wohlbefinden oder Unterhaltung – interessieren sie sich für eine Sache und wenden bereitwillig Zeit und Geld auf.

Eine Studie, die die Investmentgesellschaft BlackRock veröffentlicht hat, veranschaulicht dies deutlich. Wer sich deren Ergebnisse zu Gemüte führt, findet viele Informationen über die Ängste und Interessensgebiete seiner Kunden. Deren Sorgen beschränken sich ausschließlich auf ihre Ausgabe- und Einnahmesituation. Sicherlich verständlich, da die Frage nach dem finanziellen Auskommen für viele Menschen eine besorgniserregende Entwicklung nimmt.

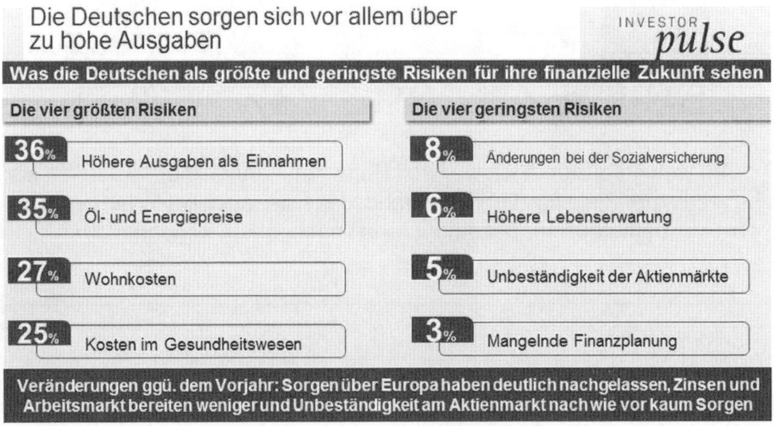

Grafik: ©BlackRock

Dass die Unbeständigkeit der Aktienmärkte die Kunden nicht tangiert, wie die Studie zeigt, ist ebenfalls nachvollziehbar. Die wenigsten von ihnen beschäftigen sich mit diesen Märkten oder haben nennenswert in Aktien investiert.

Dass sich aber eine Mehrheit auch wenig Gedanken über ihre mangelnde Finanzplanung, steigende Lebenserwartung und Änderungen in den Sozialversicherungssystemen macht, besorgt den Fachmann doch. Denn wir als Finanzberater wissen, dass garantiert zu einem späteren Zeitpunkt ein böses Ende droht. Nur dann ist es für die meisten Menschen zu spät.

Grafik: ©BlackRock

Der Wunsch, im Ruhestand noch einmal richtig „auf den Putz zu hauen“, ist laut Studie nach wie vor gegeben. Ein großer Teil der Deutschen arbeitet und verzichtet während des Berufslebens auf viele Dinge, die dann im Rentenalter nachgeholt werden sollen.

Dass zur Erfüllung solcher Wünsche jedoch viel Geld benötigt wird, was eine durchschnittliche gesetzliche Rente nicht leisten kann, ist dem Fachmann klar, den meisten Menschen aber eher nicht.

▶ Erfahrungsbericht

Ich habe sehr viele berufliche Kontakte im Bereich der sogenannten esoterischen Szene: junge Menschen, die Massagen geben, Yoga unterrichten und sich mit allerlei verschiedenen Coaching-Techniken beschäftigen. Viele darunter sind sehr gut in ihrem Job, verdienen aber nur sehr wenig Geld. Meistens reicht es gerade aus, um die eigenen Kosten zu decken und bspw. einmal im Jahr nach Indien zu reisen.

Damit Sie mich nicht falsch verstehen: Die Lebenseinstellung und Lebensweise dieser Menschen finde ich gut. Ich konnte mir einiges davon abschauen oder in mein Leben integrieren. Viele ganzheitliche Ansätze machen das Leben einfacher und angenehmer. Dennoch habe ich den Eindruck, dass sich die extrem abweichende Lebensform dieser Menschen komplett von der eigentlichen Wirtschaft abkoppelt. Die Betroffenen wollen aus fester Überzeugung heraus wenig mit Geld zu tun haben.

Immer wenn ich sie frage, was sie mit ihrem Lebenswandel erreichen wollen, kommt mehr oder weniger sinngemäß folgende Antwort: Sie wollen ein langes, erfülltes und gesundes Leben führen. Wenn ich mich danach erkundige, wer das bezahlen bzw. wie das im Alter finanziert werden soll, kommt meistens keine Antwort. Manchmal sagen mir diese Personen auch, dass sie gar nicht in Rente gehen wollen, sondern bis zum Ende ihres Lebens arbeiten möchten.

Auch das, finde ich, ist eine sehr lobenswerte Einstellung. Ich persönlich plane auch nicht, mit 65 Jahren aufzuhören. Das geht im Vertrieb auch gar nicht. Jahrzehntelang täglich mit Menschen zu tun zu haben, und dann von heute auf morgen nicht mehr, ist meiner Meinung nach unmöglich. Nur möchte ich ein Vermögen aufbauen, um für den Fall, dass ein gesundheitliches Problem dazwischen kommt, dennoch genug zum Leben zu haben.

Bei den beschriebenen Menschen wird aber – so ihre Überzeugung – nichts gesundheitlich Schlimmes passieren. Das kann ich auch nur hoffen, damit sie ihre Ziele erreichen und ihren Lebensstandard halten können. ◀

In der BlackRock-Studie wurden zum Schluss auch Rentner dazu befragt, was sie jüngeren Menschen, quasi den Rentnern von morgen, raten. Und siehe da, sie hätten ihrer Aussage nach alle viel früher angefangen, etwas auf die Seite zu legen, und mehr gespart.

Diese Erkenntnis kommt bei den Befragten natürlich zu spät. Deshalb ist es wichtig, sich über die Erfahrungen von Rentnern zu informieren. Sprechen Sie mit Ruheständlern aus Ihrem Umfeld oder lassen Sie sich ein Referenzschreiben schicken, in dem deren Situation beschrieben und Empfehlungen ausgesprochen werden. Dann haben Sie in der Beratung etwas „aus dem wahren Leben" in der Hand.

Grafik: ©BlackRock

Die Untersuchung der Investmentgesellschaft hat auch über die Interessensgebiete der Teilnehmer berichtet. Diese interessieren sich für so ziemlich alles – von Freizeit, über Elektrogeräte bis hin zur Urlaubsplanung. Mit 19 Prozent liegt das Interesse, sich mit der Altersvorsorge zu beschäftigen, jedoch nur kurz vor dem Interesse an der Planung einer Diät. Das beruhigt zumindest teilweise, da der langfristige Effekt einer Diät eher wenig erfolgreich ist, eine geplante Altersvorsorge, die durchgehalten wird, die Altersarmut zumindest eindämmt.

Das Image der Versicherungsbranche entspricht dem niedrigen Stellenwert, den Vorsorgefragen bei Verbrauchern einnehmen. Wir, die Vermittler, verkaufen Produkte, die im Prinzip jeder braucht, aber keiner haben will. Im Gegensatz zu einem Sportwagen oder einem Smartphone, die niemand wirklich braucht, aber fast jeder haben will.

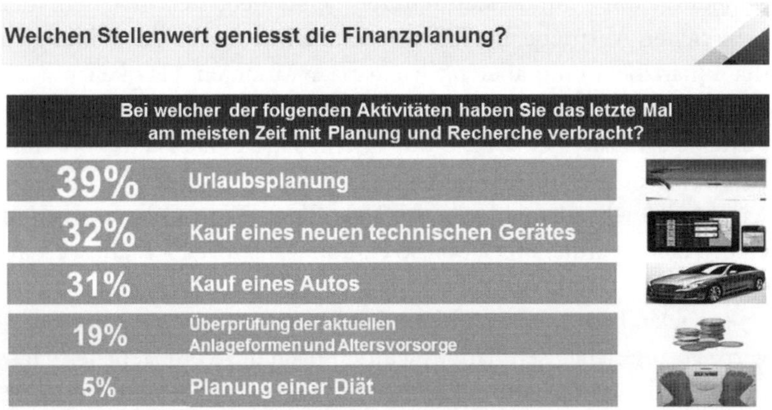

Grafik: ©BlackRock

Dieses schlechte Image der Versicherungs- und Finanzbranche liegt meiner Ansicht nach im Wesentlichen an zwei Gründen: zum einen an Fehlentwicklungen im Vertrieb, zum anderen an der Komplexität der Produkte.

Die erste Ursache ist sicherlich hausgemacht. Was Verkaufsdruck und Vergütungen angeht, hat sich die Branche in den letzten Jahrzehnten und in den meisten Fällen nicht mit Ruhm bekleckert.

1.2. Vertriebe und ihre Provision

Viele Finanzvertriebe haben über die letzten Jahre hinweg Hunderttausende Menschen motiviert, Teil ihres Systems zu werden. Die Vertriebstätigkeit wurde ihnen schmackhaft gemacht durch die Aussicht auf Luxusartikel, wie das Versprechen, bald selbst einen teuren Luxusschlitten zu fahren.

In der Folge wurde dann die Versicherungsbranche auch in der Öffentlichkeit mit hohen Provisionen und teuren Luxusartikeln in Verbindung gebracht. Der Nebeneffekt war, dass viele Kunden dieser Vertriebssysteme, wenn auch nur kurz von innen gesehen, zur Überzeugung gelangten, es gehe nur um den „schnellen Euro".

Jeder kannte im Bekanntenkreis jemanden, der in einem der zahlreichen Vertriebe beschäftigt war. Ohne große Ausbildung in der Finanzberatung, aber nach ein paar Monaten Tätigkeit mit einem „dicken Auto" vor der Tür und im entsprechenden Maßanzug gekleidet. Tatsächlich wurde nur in Ausnahmefällen und von Ausnahmevertrieben auf den Nutzen des Kunden geachtet. Der Kunde wurde vielmehr als „Umsatzvieh" gesehen. Wie viel kann man an einer Person verdienen? Ist diese Person – finanziell – mehr wert als die andere?

In vielen Fällen, in denen Kunden Versicherungs- oder Vorsorgeverträge abgeschlossen hatten, wurden nach der vorgegebenen Haftungszeit diese Produkte gekündigt und neue Abschlüsse produziert. Mir ist des Öfteren begegnet, dass Kunden über zehn Jahre von ein und demselben Vermittler immer wieder alte Produkte gekündigt und neue verkauft wurden.

In den ersten Jahren fällt dieses Vorgehen niemandem auf. Wenn ein solches Geschäftsgebaren aber über Jahre hinweg und systematisch läuft, entwickelt sich ein entsprechendes Image. Im Bewusstsein der Menschen wird dieses dann emotional mit der ganzen Branche verbunden.

Wie sich beim Hersteller Apple über mehrere Jahre ein Image aufgebaut hat, so hat sich auch in der Finanzbranche ein (schlechtes) Image aufgebaut. Es speist sich aus Menschen, die ohne Ausbildung

Kunden Produkte verkaufen, die diese eigentlich gar nicht brauchen, und viel zu hohe Provisionen kassieren. Und wenn der Kunde seinen Berater einmal benötigt, ist keiner mehr da. Letztendlich ist es nicht verwunderlich, dass Menschen sich nicht eingehender mit der Versicherungs- und Finanzbranche beschäftigen wollen.

Interessanterweise beschweren sich weit weniger Menschen bei Elektronikunternehmen darüber, dass deren Produkte nach zwei bis drei Jahren ihren Geist aufgeben. Man ist also gezwungen, ständig neue zu kaufen. Für den Konsum und die Möglichkeit, immer auf dem neuesten Stand der Technik zu sein, sind Menschen bereit, einiges zu tun, und sie verzeihen wohl auch den einen oder anderen Mangel am Produkt.

1.3. Finanzberatung vs. Brötchen verkaufen

Der zweite, weiter oben genannte Grund für das schlechte Ansehen der Versicherungswirtschaft gestaltet sich etwas komplexer. Sie kennen sicherlich den Unterschied zwischen einer fondsgebundenen Rente und einem Brötchen. Das Brötchen kann man anfassen. Nach Bezahlung eines Eurobetrages hält man einen physischen Wert in den Händen. Bei einer Finanzberatung legt der Kunde Geld zur Seite – und hat direkt am nächsten Tag erst einmal weniger auf dem Konto. Obwohl er eigentlich nichts gekauft hat.

Kauft ein Kunde für 10.000 Euro ein konkretes Produkt, sind die 10.000 Euro zwar ein für allemal weg. Dafür kann er sich aber eine gewisse Zeit lang an einer bestimmten Ware, z. B. einer neuen Küche erfreuen. Er kann sie nutzen, anderen zeigen und hat das gute Gefühl, den richtigen Kauf gemacht zu haben. Der Kunde kann sich seine neue Küche sogar im Vorfeld anschauen und sie mit den Händen greifen.

Bei einem Finanzprodukt dagegen kauft er für 10.000 Euro die Hoffnung, irgendwann einmal eine jetzt noch hypothetische Summe zu besitzen, um sich dann einen benötigten Artikel leisten zu können. Zu allem Verdruss hat seine „Anschaffung“ am nächsten Tag nach Abzug des Ausgabeaufschlages nur einen Wert von 9.500 Euro. Für welche Gegenleistung? Für eine Hoffnung, eine Idee bzw. den Glauben an die Zukunft.

Hinzu kommt, dass unseriöse Anlageberater auch Kapital schlagen aus dem Unwissen der Kunden und ihre diffusen Aussichten auf ein späteres Vermögen. Kein Mensch würde ein Brötchen für 1.000 Euro oder eine Tütensuppe für 2.000 Euro kaufen.

Unser Gefühl sagt uns, welcher Preis für diese Produkte angemessen ist. Gleichzeitig legen wir aber Geld an und prüfen nicht, ob das Produkt die Kosten von einem bis über 20 Prozent je wieder gutmachen wird und wir mit Gewinn aus dieser Anlage herauskommen. Denn die Materie ist für die meisten Menschen zu abstrakt bzw. nicht greifbar. Deshalb beschäftigen sie sich ungern damit. Allerdings hatte die Beschäftigung mit Vermögensfragen in den vergangenen Jahren auch nicht eine ähnlich existenzielle Bedeutung wie heute.

Einigen Kunden, vielleicht aber inzwischen auch dem einen oder anderen Vermittler stellt sich also die Frage: Braucht überhaupt jemand uns Versicherungs- und Finanzanlagenvermittler? Diese Frage kann und werde ich immer wieder wie aus der Pistole geschossen mit einem sonnenklaren Ja beantworten.

► Fazit:

Ein sehr kleiner Teil der Menschheit kann seine Geldangelegenheiten und seine Altersvorsorge vielleicht selbst managen. Die Masse der Leute – völlig egal, aus welcher Bildungsschicht oder welchem Berufsstand – möchte oder kann sich aus vielerlei Gründen damit nicht beschäftigen. Sie ist daher zu ihrem eigenen Schutz auf einen Berater angewiesen.

Die Berater dürfen nur nicht den Fehler machen, nur ein Produkt zu verkaufen, denn das will der Kunde nicht. Mehr als in jeder anderen Branche ist es in der unsrigen von existenzieller Bedeutung, dass Lösungen, Emotionen, Betreuung und Vertrauen verkauft werden. Denn genau das will ein Mensch haben, der sich nicht selbst eingehend mit einer bestimmten Materie beschäftigen will.

Stellen Sie sich nicht darauf ein, tut es ein anderer. Oder wie man im Vertrieb gerne sagt: Kümmerst du dich nicht um deinen Kunden, wird es ein anderer tun. Deswegen – seien Sie stolz, in der Branche tätig zu sein, und verschaffen Sie sich das Gefühl, ein sehr wichtiger Teil der Volkswirtschaft zu sein. Auch wenn es nicht von jedem gedankt wird und Sie von Kunden und Medien erst einmal in denselben Topf wie unseriöse Finanzberater und Firmen geworfen werden. Sie werden gebraucht. Punkt!

2. Der Markt – Zinsen am Abgrund

2.1. Geldanlage früher und heute

Ich erzähle Ihnen sicherlich nichts Neues, wenn ich behaupte, dass die Art, aus Kundensicht Geld anzulegen, heute deutlich komplizierter geworden ist.

Noch vor 15 Jahren arbeitete der durchschnittliche Deutsche ein Leben lang für denselben Arbeitgeber; er wusste, dass er im Ruhestand eine auskömmliche gesetzliche Rente erhalten würde. Zusätzlich hatte der Durchschnittsbürger eine Kapitallebensversicherung mit stattlichen und vor allem steuerfreien Erträgen abgeschlossen und sparte so für den Bonus im Alter.

Wer dann noch Geld übrig hatte, steckte es in eine eigene Immobilie, die sich mit ziemlicher Sicherheit später mit Gewinn verkaufen ließ. Sollte dann noch etwas übrig gewesen sein, versuchte der deutsche Sparer sich ein bisschen in Aktien. Wohlgemerkt nur mit einer Art Spielgeld, das nie gebraucht werden würde, um den Lebensunterhalt zu bestreiten. Dadurch hat sich meines Erachtens über die Jahre auch in den Köpfen der Menschen die Vorstellung festsetzt, die Börse sei eine Art Spielkasino.

Der einfache Sparer spekulierte nur mit dem Geld, das auch verloren gehen konnte. Kurioserweise haben sich die Standardwerte, die zur Anlage genutzt wurden, in den allermeisten Fällen äußerst positiv entwickelt. In den Medien wurde dies aber nie eingehend kommuniziert, so dass sich bis zum heutigen Tag bei Sparern die Meinung verfestigt hat, bei Aktien oder Fonds handele es sich um Zocker-Geschäfte.

Heute ist das deutlich anders. Die Menschen haben mehrere Jobs und auch schon einmal im Laufe der Berufstätigkeit – aus den unterschiedlichsten Gründen – die eine oder andere Pause eingelegt. Sie fangen wesentlich später an, in die Rentenkasse einzuzahlen, und bekommen daher und wegen anderer bekannter Ursachen deutlich weniger Rente. Die Zinsen sind im Keller und so hat sich die Aktie bzw. der Fonds von einem Nice-to-have-Produkt zu einem existenziell notwendigen Altersvorsorge-Produkt entwickelt.

Den meisten Menschen ist heute immer noch nicht bewusst, dass die gesetzliche Rente nur die Basis zum Überleben ausmacht. Ihnen ist nicht klar, dass zwingend privat vorgesorgt werden muss. Und diejenigen, die es verstanden haben, wissen überhaupt nicht mehr, was sie tun sollen.

Denn einerseits ist auch dem Bürger mit geringen mathematischen Kenntnissen klar, dass sich bei einer Garantieverzinsung von 0,9 Prozent nach Kosten die klassischen Verträge in der Lebensversicherung nicht mehr lohnen. Andererseits vergeht ihm die Lust am Sparen bei Zinsen auf der Nulllinie, die seine Hausbank ihm gewährt. Noch dazu hangelt sich die Finanzwirtschaft von einer kritischen Situation zur nächsten, die Kurse an den Börsen schwanken weiterhin und in immer kürzeren Abständen.

Die Erfolge von AfD und Donald Trump, der Brexit und viele weitere politische Ereignisse tragen ebenfalls zur allgemeinen Verbreitung von Angst und Verunsicherung bei. Zu selten wird dem Durchschnittsbürger dabei nachvollziehbar erklärt, was sich am Markt abspielt und wie er sich für die Zukunft aufstellen kann.

Zugleich erreichen immer wieder intransparente bis dubiose Spezialprodukte mit besonderen Garantiemodellen den Endverbraucher. Halblegale Produkte gab es zwar schon immer, meiner Ansicht nach werden es aber immer mehr. Viele Anbieter dieser Produkte setzen genau auf die Verunsicherung der Bundesbürger und wollen sie dazu motivieren, in irgendwelche scheinbar vielversprechende Konzepte zu investieren.

Dem klassischen Fondsverkäufer ergeht es da nicht besser. Fonds gehen – betrachtet man die Renditeentwicklung – manchmal sehr seltsame Wege. Galt früher noch die Einsicht: Wenn die Aktien in den Keller rauschen, steigen die Renten o. Ä., ist heute keine klare Regel erkennbar. Die Geldmenge, für die eine Anlage gesucht wird, wird immer größer. Anlagemärkte schwanken plötzlich nach oben oder unten, so dass selbst manch anerkannter Börsenexperte nur noch staunend zusehen kann.

Der Kunde resigniert. Anders ist kaum zu erklären, warum die auf Girokonten und Sparbüchern seit Jahren angesammelten Kapitalmengen dort liegen bleiben und in immer neue Höhen wachsen. Wenn man Kunden fragt, warum sie ihr Geld in konservativen Anlageformen belassen, kommt meist eine Antwort: wegen der Sicherheit oder Flexibilität. Ihr Finanzberater erklärt ihnen zudem nicht, wie sich der Markt verhält bzw. was getan werden sollte.

Die meisten Kunden werden alleingelassen. Und leider auch die meisten Berater, soweit ich sie kennengelernt habe. Die meisten von ihnen machen die Augen zu, wahrscheinlich, weil niemand Veränderungen mag, und tun so, als wenn nichts wäre. Sie kaufen und verkaufen weiterhin die Produkte, die sie schon immer verkauft haben. Dabei brauchen die Menschen mehr denn je aufmerksame Finanzberater.

2.2. Erklärungsbedürftige Produkte als Chance

Der einzige Grund, warum ein Finanzberater oder Vermittler überhaupt benötigt wird, ist der, dass sein Kunde die gesamte Anlage- und Vorsorgeproblematik nicht genügend versteht.

Zwar ist ein Investmentfonds im Prinzip die einfachste Geldanlage der Welt. Kundengelder werden von einem Manager, weltweit gestreut, in Aktien oder Anleihen investiert und der Markt arbeitet für den Anleger. Doch die Produkte, die die Finanzbranche unentwegt auf den Markt bringt, sind derart komplex geworden, dass der Verbraucher im Detail und in naher Zukunft – auch mit Blick auf die neuen Konzepte in der Lebensversicherung – kein tiefer gehendes Verständnis erreichen wird.

Als Informationsquelle und Konsumkanal hat sich zwar das Internet durchgesetzt. Auch auf dem Gebiet der Finanzdienstleistung wird mehr und mehr direkt über Vergleichsportale gekauft. Start-ups, die die Generation Facebook online und kostengünstig beraten wollen, machen zurzeit Furore.

Ob diese Geschäftsmodelle immer sinnvoll sind, sei dahingestellt. Zudem traue ich, gespeist aus meiner Erfahrung aus Beratungsgesprächen, den wenigsten Menschen zu, den Unterschied zwischen einem Zwei-Topf-Hybrid, Drei-Topf-Hybrid, einer Versicherung mit Garantie und Überschussbeteiligung, einer Anlage in Fonds sowie CPPI[2] usw. zu verstehen. Selbst die meisten Berater streichen hier schon die Segel.

Die Altersvorsorgeberatung mit Investmentfonds wird meiner Überzeugung nach auch in Zukunft durch Anlageberater erfolgen, fondsgebundene Altersvorsorgeprodukte werden nicht im Internet zu verkaufen sein. Denn zum einen hat der deutsche Finanzkunde zu wenig Fachwissen, so dass er sich kaum in der Produktwelt auskennt; zum anderen ist der Kunde sehr risikoscheu und hat Angst vor Verlusten. Er käme also nie selbst auf die Idee, sich Fonds anzueignen.

Dass sich Fondsprodukte allerdings nicht wie die besagten Brötchen verkaufen lassen, sollte an dieser Stelle bereits klar sein. Wenn dem so wäre, wären auch die Einkommen der Vermittler so gering wie der Lohn einer Bäckereifachverkäuferin.

Und auch die grundlegenden Voraussetzungen für die Finanzdienstleistung sind anders als in der Backstube: In kaum einer Branche ist das Vertrauen, dass der Kunde mitbringen muss, derart entscheidend, wie in der Investmentbranche. Wenn ein Kunde aber bei

---

2 Constant Proportion Portfolio Insurance steht für eine dynamische Portfolio-Absicherungsstrategie, also vereinfacht gesagt den Schutz des Anlegers von ungünstigen Marktentwicklungen.

dem Finanzberater seines Vertrauens angekommen und zufrieden ist, bleibt er in der Regel da.

2.3. Alternativen zu Fonds

Gibt es Alternativen zu offenen Investmentfonds? Meiner persönlichen Ansicht nach nicht. Die sichere Zinswelt hat sich auf absehbare Zeit verabschiedet. Waren früher noch vier Prozent Garantieverzinsung plus üppiger Überschüsse üblich, steht heute die Verzinsung nach Kosten bei nahezu null – je nach Gesellschaft.

Das soll ein Kunde einmal verstehen. Früher hätte es für ihn auch keinen Grund gegeben, für seine Altersvorsorge eine Fondsrendite inklusive Schwankungen und des Verlustrisikos in Kauf zu nehmen, wenn er sich auf der anderen Seite eine üppige Garantie sichern konnte.

Da nun selbst die meisten Versicherungsgesellschaften die Produkte mit klassischem Garantiemodell nicht mehr haben wollen, ist es zwingend notwendig, die Kunden über die neuen Möglichkeiten zu informieren. Dieser Weg ist kein Spaziergang, lohnt sich aber. Seit über 15 Jahren verkaufe ich investmentgebundene und freie Fondsanlagen, alle ohne Garantie (von betrieblicher Altersversorgung (bAV) und Riester-Produkten abgesehen), und die Kunden sind dankbar und sehen inzwischen die Finanzwelt mit anderen Augen. Das entschädigt für fast alles.

3. Verkaufen sich Fonds anders?

3.1. Produktkategorien

Der Verkauf von Investmentfonds basiert auf einem speziellen Ansatz. Wenn man das Kundenverhalten beim Kauf verschiedener Produkte vergleicht, findet man unterschiedliche Kategorien.

Es gibt Produkte, die der Kunde versteht und kauft, weil er deren direkten Nutzen erkennt. Er kauft einen Besen, weil er damit seine Wohnung sauber halten kann. Gleichzeitig interessiert die wenigsten, wie der Besen zusammengesetzt ist, wo er hergestellt wurde und welche Gewinnmarge auf dem Produkt liegt. Wenn der Preis nach Einschätzung des Kunden mit dem zugeschriebenen Nutzen korreliert, wird er akzeptiert.

Es gibt zweitens Produkte, die ein Kunde nicht wirklich versteht, die aber über eine hohe gesellschaftliche Akzeptanz verfügen. Bei diesen Dingen weiß der Kunde, dass er nichts falsch machen kann. Das ist beispielsweise bei einem Auto oder Elektrogerät der Fall. Die wenigsten wissen, wie oder warum sie funktionieren. Menschen vertrauen aber auf ihre Qualität, denn die Geräte funktionieren und viele Leute nutzen sie. Und sollte ein Fernseher einmal nicht funktionieren, kann man ihn zurückgeben. Schließlich gibt es eine Garantie. Der Kunde kann also nichts falsch machen.

Im Bereich der klassischen Lebensversicherung verhielt es sich einst ähnlich. Opa hat es gemacht und der Vater hat ebenso einen Vertrag abgeschlossen. Der Versicherer gab die Garantie, man benötigte das Produkt sowieso nur zur Ergänzung. Was konnte man als Kunde also falsch machen?

Schließlich gibt es drittens Produkte, die der Kunde nicht versteht, denen er aber auch nicht vertrauen kann, da ihm keine Referenzbeispiele zur Veranschaulichung vorliegen. Dazu zählen Fonds. Dieses Phänomen ist nicht nur bei Endkunden zu beobachten, sondern auch bei einer großen Zahl von Maklern. „Fonds sind Teufelszeug“ – so oder ähnlich lauten Aussagen, mit denen ich ständig konfrontiert werde.

3.2. Über die Bedeutung der Verkäuferpersönlichkeit

Mehr als bei allen anderen Produkten kauft der Kunde im Falle eines Fonds nicht das Produkt, sondern den Verkäufer, also Sie. Es gibt eine Vielzahl an Tools und endkundenfreundlichen Erklärungen, die es Ihnen erleichtern, dem Kunden das Thema verständlich näherzubringen. Letztendlich wird er jedoch immer Sie „kaufen". D. h., die Persönlichkeit, Ausstrahlung, Stärke und die Sicherheit, die Sie zeigen, entscheiden über den Erfolg in dieser Branche.

Die meisten Kunden wissen eben zu wenig, um ohne Weiteres über Finanzprodukte zu entscheiden. Das zeigt sich z. B. bei der Frage, ob Fonds A oder Fonds B gewünscht ist.

Auf Basis welchen Hintergrundwissens soll ein Kunde eine fundierte Entscheidung treffen? Wenn er dazu in der Lage wäre, dann könnte er auch gleich im Internet bestellen. Er hat aber Sie als Berater bestellt, damit Sie ihn bei der Entscheidung unterstützen – und dann auch in den folgenden Jahren zu Ihrem Rat und dem Kunden zurseite stehen.

3.3. Zur finanziellen Dimension eines Investments

Ein weiterer Aspekt, durch den der Fondsvertrieb gekennzeichnet wird, betrifft die Dimension, in der sich ein Kunde bei dem Kauf eines solchen Produktes bewegt. Sicherlich haben viele schon einmal irgendeine Kleinigkeit im Wert von einigen wenigen Euros gekauft und kurze Zeit später gemerkt, dass das Produkt nichts taugt. Danach wurde die Sache weggeworfen, es wurde nicht weiter darüber nachgedacht.

Stellen Sie sich nun vor, Sie hätten ein Auto für mehrere 10.000 Euro gekauft. Bei einer Geburtstagsfeier, auf der Sie stolz darüber berichten, würde kritisch über Ihr Fahrzeug diskutiert. Die Bekannten kämen zu dem Schluss, dass Sie 5.000 Euro zu viel ausgegeben haben. Was würden Sie dann völlig automatisch machen? Sie würden sich vermutlich verteidigen. Warum? Weil kein Mensch sich vorhalten lassen möchte, dass er so dumm war, unnötig 5.000 Euro ausgegeben zu haben.

Je höher die Investitionssumme ist, die ausgegeben wird, desto mehr denkt man darüber nach und desto eher wird man seine Entscheidung auch vor anderen verteidigen wollen. Zum Vergleich:

Beim Kauf eines Altersvorsorgeprodukts redet der Vermittler mit seinem Kunden über eine der größten finanziellen Entscheidungen seines Lebens. Mehr wert als ein Auto. Vielleicht kann finanziell betrachtet nur die eigene Immobilie mithalten, darüber hinaus kommt aber meist nichts.

4. Positionierung beim Kunden

4.1. Warum bei Ihnen?

Viele Marketingberater und Werbeagenturen arbeiten gerne mit dem sogenannten USP (Unique Selling Proposition) oder im Deutschen Alleinstellungsmerkmal. Dabei geht es um das entscheidende Verkaufsargument, das eine Sache von anderen abhebt. In unserem Fall stellt sich die Frage: Warum soll der Kunde ausgerechnet bei Ihnen kaufen?

Ein Apple-Gerät erhält man bei Apple und nicht von Samsung, Mercedes eben nicht bei BMW usw. Die Produkte in der Finanzbranche sind dagegen bis auf ganz spezielle Ausnahmen so breit aufgestellt, dass der Kunde denselben Fonds oder dieselbe Fondspolice bei Hunderttausenden §-34d-Maklern, Bankberatern und Ausschließlichkeitsvermittlern erhält. Wie wollen Sie sich da von anderen unterscheiden?

Viele Makler glauben, mit Fachwissen punkten zu können. Sie überschütten ihre Kunden mit ihrem erworbenen Wissen, in dem Glauben, der Kunde würde daran erkennen, welch exzellenter Berater vor ihm sitzt und wie verlässlich sein Rat ist. Leider ist das Gegenteil der Fall. In diesem Lichte gesehen, hat Fachwissen bei Ihrem Kunden nur bedingt etwas verloren.

Rein vertrieblich betrachtet benötigt der Vermittler Fachwissen aus drei Gründen. Erstens, um selbstsicherer aufzutreten. Wenn man weiß, wovon man spricht, dann strahlt man das auch aus. Im Strukturvertrieb habe ich zwar immer wieder erfahren: Besser einen guten

Eindruck bei völliger Ahnungslosigkeit erwecken, als ein Fachidiot zu sein. Trotzdem ist Fachwissen gut für Ihre Selbstgewissheit.

Zweitens benötigen Sie Fachwissen, um in bestimmten Fällen ihrem Kunden zu zeigen, bei wem die Beratungskompetenz liegt. Damit ist nicht gemeint, ihn mit Wissen zu überfrachten, sondern ihn gezielt mit Fragen zu konfrontieren, die er nicht beantworten kann. Dadurch wird klargestellt, dass Ihr Kunde Ihre Unterstützung benötigt, und Sie strahlen genau die Sicherheit aus, die nötig ist, um akzeptiert zu werden.

Drittens ist Fachwissen wichtig, um eventuelle Mitbewerber zu kontern. Stellen Sie sich vor, Sie fragen vor den Augen Ihres Kunden einen anderen Berater, ob der Ausgabeaufschlag seines Fonds nach der Brutto- oder Nettomethode berechnet wird. Oder ob die Benchmark, die er seinem Fonds zugrunde gelegt hat, ein Kurs- oder ein Performanceindex ist? (Die Antworten hierzu kommen später.) Der Mitbewerber kommt ins Schwanken und der Kunde merkt, wer der solidere Berater ist bzw. einen Kompetenzvorsprung hat.

4.2. Eine Schwäche für die Stärke haben

Einer meiner Mentoren zu Beginn meiner beruflichen Tätigkeit hatte gesagt: Der Mensch hat eine Schwäche für die Stärke. Wer nach Schutz verlangt, sucht diesen nicht bei jemandem, der selbst ahnungslos ist und unsicher fragend durch sein Leben läuft.

Die Menschen wollen Sicherheit. Bei Produkten, die sie nicht verstehen oder die ihnen zu kompliziert erscheinen, fühlen sie sich bei demjenigen gut aufgehoben, der sie durch das Dickicht der Finanzwelt führt. Wer nicht gebraucht wird, das ist eine Person, die aus eigener Unsicherheit heraus selbst nicht weiß, was angeboten werden soll.

Man erlebt in der Finanzwelt oft, dass Berater dem Kunden mehrere Anlagevorschläge machen und dann abwarten, für welchen Vorschlag dieser sich entscheidet. Das funktioniert aber nur beim Brötchenkauf bzw. bei Produkten, bei denen der Kunde über ein

Grundwissen verfügt und genau weiß, was ihm schmeckt oder zu ihm passt.

Wenn jemand sagt, er möchte sein Geld sicher anlegen, ist es Aufgabe des Beraters, genau zu hinterfragen, was jener darunter versteht. Im Anschluss sollte der Berater einen finanziellen Maßanzug anfertigen – sprich einen Anlagevorschlag, zu dem er steht.

Dabei ist es egal, ob er eine bestimmte Fondspolicengesellschaft oder eine bestimmte Fondsauswahl im Kopf hat. Der Kunde muss zur Überzeugung gelangen, dass der Vorschlag passt und genau der Richtige für ihn ist. Es liegt eben in der Natur der Branche, dass wir erst in 30 Jahren wissen werden, welches Produkt sich rückwirkend betrachtet als das beste erwiesen haben wird.

▶ Erfahrungsbericht

Jahrelang habe ich in Verkaufsgesprächen immer wieder mit mir gehadert, ob ich für den Kunden genau die richtige Versicherungsgesellschaft ausgewählt habe und danach auch den oder die richtigen Fonds. Der damit einhergehende mangelnde Umsatz ist meiner damaligen Führungskraft aufgefallen und so wurde ich eines Tages gefragt, warum ich bei all den Kundengesprächen kaum Umsatz machen würde.

Ich antwortete, dass ich dem Kunden die Entscheidung über geeignete Lösugen selbst überließe, weil ich nicht die Verantwortung für einen Fonds übernehmen wolle, der sich im Nachhinein nicht als der beste herausstellt.

Daraufhin meinte meine Führungskraft: Unsere Aufgabe ist doch, den Kunden zu helfen, eine vernünftige Altersvorsorge zu ermöglichen. Wir werden nie den besten Fonds oder die günstigste Versicherungsgesellschaft finden. Das ist bei der heutigen Auswahl und den zum Teil sehr langen Zeiträumen fast unmöglich. Wichtig ist, dass wir Produkte nutzen, die flexibel sind, und dass die Hochrechnungen konservativ berechnet werden. Dann müssen aber wir die Entscheidungen treffen, damit der Kunde überhaupt etwas macht. ◀

Die Menschen sind also in ihren Finanzentscheidungen auf Sie, ihren Berater, angewiesen. Ihre Kunden benötigen Sie als starken, selbstbewussten Makler, der weiß, was und warum er etwas tut. Deshalb: Der Kunde braucht Sie!

4.3. Die Presse, des Maklers größter Wettbewerber

Ich werde immer wieder gefragt, wen ich als den schärfsten Wettbewerber eines Maklers betrachte. Nach vielen Jahren Erfahrung und über 2.500 Beratungsgesprächen ist nur ein tatsächlich ernst zu nehmender Konkurrent übrig geblieben. Dabei handelt es sich weder um einen Banker, noch einen Vertreter oder Mitarbeiter eines irgendwie gearteten Vertriebes.

Wenn man einem Kunden aufrichtig zuhört, sich ganz auf seine Wünsche konzentriert und mit entsprechender Fachkompetenz und Stärke auftritt, schließen fast alle bei einem persönlichen Gespräch ab. Abgesehen von dem einen oder anderen Kunden, der zu seinem bisherigen Berater ein sehr freundschaftliches, vielleicht sogar ein verwandtschaftliches Verhältnis hat. Diese Konkurrenz ist nicht zu schlagen, hier sollte man erst gar kein Gespräch anfangen.

Nicht die Freunde und Verwandten sind aber das Problem. Das, was in puncto Wettbewerb Anstrengung bedeuten kann, sind die Medienwelt bzw. Presseartikel. Manch ein angehender Kunde glaubt, dass er sich, wenn er zweimal eine Fachzeitschrift über Geldanlagen, Fonds, Aktien o. Ä. gelesen hat, auf dem Wissensstand seines Beraters befindet.

Es gibt eine Gruppe von Menschen, die sich durchaus eingesteht, dass sie keine Ahnung von der Materie hat. Diese wollen sich damit auch nicht beschäftigen und hoffen auf einen kompetenten Berater. Diejenigen, die wirklich Ahnung haben, werden die Beraterbranche wahrscheinlich nicht mit ihren Fragen behelligen und ihre Angelegenheiten selbst regeln.

Meinem Eindruck nach wird der Teil der Bevölkerung immer größer, der keine Kenntnisse in Finanzdingen hat und aufgrund verschiedener Erfahrungen (oder nur auf Basis von Gerüchten und negativer Berichterstattung in der entsprechenden Presse) auch keinerlei Vertrauen mehr in die Finanzbranche besitzt. Dennoch benötigen auch Zweifler irgendwelche Informationen, um ihre Ziele zu erreichen. Bekommen sie diese durch einen Berater, vergleichen sie dessen Aussagen mit ihrem Wissensstand bzw. sie lesen Informationen zu diesen Dingen nach. Auf diese Art und Weise entstehen sehr ungewöhnliche und unpassende Vergleiche.

▶ Erfahrungsbericht

Mich hat vor einigen Jahren ein angehender Kunde während des Beratungsgespräches bestimmt fünfmal gefragt, wie denn der DAX heute stünde. Ich meinte jedes Mal: Das wisse ich nicht. Später sagte ich, das wäre auch nicht wichtig.

Der Kunde meinte, dass ich das als kompetenter Anlageexperte wissen müsse und dass meine Unkenntnis ein sehr schlechtes Licht auf meine Kompetenz werfen würde. Er wisse es schließlich und setze sich täglich mit den Kursen auseinander. Zum Schluss ist mir fast der Kragen geplatzt und ich fragte ihn, was denn der Dax mit unserer geplanten Anlagestrategie zu tun habe. Als Antwort kam ein lautes Staunen. ◀

Die Mehrheit der Menschen in Deutschland glaubt der Presse und denkt, dass das, was in Zeitungen geschrieben steht oder im Fernsehen berichtet wird, stimmen muss. Und gerade die Art und Weise, in der besonders in Publikumsmedien über Finanzthemen geschrieben wird, macht einen weiteren wichtigen Punkt aus, warum die Menschen Anlageberater brauchen.

Im Jahre 2009 fragte beispielsweise die Zeitschrift Focus „Alles verkaufen?“. Wer damals nach dem Erscheinen des Heftes jedoch in den MSCI World investiert hat, könnte sein Kapital bis heute mehr als verdoppelt haben. Es könnte auch anders herum gelaufen sein: Im Jahre 2007 zitierte die Finanzzeitschrift Focus Money den amerikanischen Portfoliomanager Mark Mobius mit dem Hinweis: Kursralley bis 2012 in den BRIC-Staaten (Brasilien, Russland, Indien und China). Die Kurse sind in den Jahren 2007 bis 2012 aber um circa zehn Prozent gesunken.

Ich bin kein Feind der Presse und halte viele Experten, die in den Medien über Finanzangelegenheiten berichten, wie beispielsweise einen Mark Mobius, für echte Koryphäen der Branche. Dennoch können diese Personen nur ihre eigenen Meinungen, Schätzungen oder Erwartungen wiedergeben.

Vielleicht hilft dies zur Erklärung des beschriebenen Phänomens: Da wir in diesem Land nicht nur 80 Millionen Fußballexperten haben, die natürlich alles besser wissen als Bundestrainer Joachim Löw, gibt es auch 80 Millionen Finanzexperten. Wenn man 100 Menschen fragt – und zwar völlig beliebig, über welche finanztechnische Ausbildung die Befragten verfügen – werden sie auf die Frage: Wo steht denn der DAX voraussichtlich am Jahresende, folgendermaßen antworten:

- Ein Teil wird sagen, er fällt.
- Ein Teil wird sagen, er bleibt auf dem erlangten Niveau stehen.
- Ein Teil wird sagen, er steigt.

Und jede Gruppe wird genau erklären können, warum dies genauso eintreten wird. Das Verrückte dabei ist, dass eine Gruppe Recht haben wird. Soweit so gut. Meistens werden aber genau die Menschen, die nicht Recht behalten haben, über eine ebenso gute Erklärung verfügen, warum ihre Vorhersage nicht eingetreten ist. Ihre Begründung klingt logisch und nachvollziehbar.

Kritisch wird es, wenn man denjenigen, der den richtigen Tipp abgegeben hat, aus der Gruppe herauszieht, um ihn anschließend großspurig zu vermarkten. Nach dem Motto: Diese Person hat schon damals den DAX-Stand vorhergesagt. Kein Mensch macht sich darüber Gedanken, ob bei der Prognose nicht auch eine Portion Glück dabei gewesen ist. (Zum DAX siehe auch Abschnitt „2.5. Aktienindizes“.)

Dass gerade Finanzexperten immer wieder Anfragen erhalten und Voraussagen machen müssen, ist nachvollziehbar. Und stellen Sie sich vor, ein Fondsmanager oder Chef-Volkswirt einer Bank würde auf die Frage „Wie sehen Sie diese oder jene Entwicklung?“ antworten: „Ich habe keine Ahnung“. Wie lange behält diese Person wohl ihren Job? Verständlich, dass etwas erzählt und später genau erklärt wird, warum die These damals richtig war (auch wenn sie eben nicht eingetroffen ist).

Mehr und mehr wird in diesen Zeiten deutlich, dass die Welt nicht vorhersehbar ist. Führende Finanzexperten haben mir z. B. erzählt, dass Großbritannien die EU definitiv nicht verlassen wird. Das war noch einen Tag vor der Abstimmung so.

Auf meine Frage hin, was denn passiert, wenn es doch zum Brexit kommen sollte, erhielt ich die Antwort, dass die Märkte dann um 50 Prozent einbrechen würden. Diese Experten, Referenten einer hochdotierten Veranstaltung, haben – rückblickend betrachtet – innerhalb weniger Minuten zwei komplette Fehlprognosen abgegeben.

Ähnlich renommierte Experten haben gesagt, dass Donald Trump im November 2016 nicht die Wahl zum US-Präsidenten gewinnen wird. Sollte er sie doch gewinnen, werde er sich im Ton mäßigen und präsidial verhalten. Auch hier lagen die Menschen falsch. Wenn schon Experten sich oftmals irren, wie soll dann der einfache Kunde eine Sache richtig einschätzen?

4.4. Angelesene Argumente parieren

Wie können Sie in solch einer Situation mit Ihrem Kunden umgehen, wenn dieser Sie mit irgendeinem Halbwissen oder kühnen Thesen aus der Fachpresse konfrontiert?

Meine Empfehlung: Über die Jahre habe ich mir eine Datenbank angelegt mit den gesammelten Titelseiten entsprechender Fachzeitschriften und Artikeln aus Zeitungen. Achten Sie also auf entsprechende Artikel, etwa wenn Sie beim Tanken im Tankstellenshop regelmäßig die Titelseiten der dort angebotenen Zeitschriften studieren.

Wenn etwas Spannendes dabei ist, kaufen Sie das Blatt. Nicht nur die positiven Sachen, die Ihre eigenen Thesen untermauen, sondern gerade auch diejenigen, die im Prinzip gegen Ihre These sprechen.

Einmal ist mir eine Zeitschrift mit einem besonders reißerischen Titel in die Hände gefallen: Zwölf Prozent Inflation, hieß es dort. „Was Sie jetzt tun können". Einige Wochen später zeigte mir ein Kunde einen Artikel, in dem sinngemäß stand, dass Berater die Inflation künstlich hochrechnen, um mehr Angst zu schüren und in der Folge ihren Umsatz zu steigern.

Deshalb gehe ich inzwischen anders vor. Ich zeige keine Pressebelege mehr, die meine These und Anlagestrategie untermauern. Wenn der Gesprächspartner von sich aus nichts sagt, gehe ich nicht weiter auf Pressemeldungen oder die öffentlich vorherrschende Meinung ein. Sollte er nun aber mit einer angelesenen Ansicht aufwarten, habe ich mir eine Strategie angeeignet, über die Sie im Laufe des Buches noch öfter lesen werden:

► Kannst du nicht überzeugen, musst du verwirren.

Wenn Ihr Gegenüber eine angelesene Meinung vertritt, dann wird er diese auch verteidigen (allein um nicht als unwissend dazustehen). Sie können seine Meinung annehmen, machen dann aber keinen Umsatz – und der Kunde kommt der Lösung seines Problems nicht näher. Sie können Ihre eigene Meinung dagegen setzen, werden dann aber ebenfalls keinen Umsatz schreiben, weil der Kunde Ihnen nicht glaubt und wahrscheinlich seine Meinung verteidigen wird.

Um diese Situation aufzulösen, hilft es, dem Gesprächspartner einfach Fragen zu stellen, die dieser mit hoher Wahrscheinlichkeit nicht beantworten kann. Das bietet die Chance, dass sich Ihr Gegenüber eingesteht, dass doch nicht alles bekannt ist. Gleichzeitig wird Ihr Gesprächspartner, empfindet er Ihnen gegenüber Sympathie, Ihnen eher vertrauen und ein Gefühl dafür entwickeln, dass Sie kompetent sind – es also Sinn macht, Ihnen zuzuhören.

Probieren Sie einmal das Folgende aus: Legen Sie einer Person zwei Zeitschriften oder Zeitungsartikel hin, in denen gegensätzliche

Behauptungen aufgestellt werden, und fragen Sie dann, welche denn stimmen würden. Wenn Ihr Gegenüber anfängt, unsicher zu werden, können Sie mit einer Frage punkten: „Würde es Sie interessieren, wie wir für Sie ein Depot aufstellen, um bei beiden Situationen klar zu kommen?“.

Nehmen wir das erwähnte Beispiel von zwölf Prozent Inflation einerseits und andererseits das Beispiel aus dem Artikel darüber, dass Finanzberater die Inflation zu stark hochrechnen. Ihrem Kunden gegenüber, der diesen Widerspruch sachlich nicht auflösen kann, können Sie wie folgt argumentieren:

„Wissen Sie, ob es zwölf Prozent Inflation geben wird oder nur zwei Prozent oder gar keine, werden wir erst in 20 Jahren wissen. Ich schlage vor, dass wir eine Zahl nehmen, die sich in den vergangenen Jahren als Durchschnitt bewährt hat. Ich halte Sie in den kommenden Jahren immer auf dem Laufenden, damit unsere Rechnungen, was Ihre Altersvorsorge angeht, auf dem richtigen Kurs liegen. Sollten wir gravierend in die eine oder andere Richtung abweichen, passen wir Ihre Strategie an die Gegebenheiten an. Zudem können wir Produkte nutzen, die zumindest teilweise durch die Inflation profitieren.“

Der Nebeneffekt ist hierbei, dass der Kunde zu einem Bestandskunden wird und Sie in Zukunft bei Bedarf immer wieder reagieren und ihn ansprechen können.

Kommen wir zum Schluss noch einmal zur eingangs erwähnten BlackRock-Studie und einer weiteren darin getroffenen Aussage: Gerade einmal 17 Prozent der Befragten lassen sich in der heutigen Zeit beraten, davon sind aber 93 Prozent zufrieden.

► Fazit:

Es gibt eine extrem große Zahl an Menschen, die sich nicht mehr oder nie im Bereich der Altersvorsorge über Investmentfonds beraten lässt. Diese Menschen wollen sich nicht mit der Thematik beschäftigen. Sie haben für vielerlei Dinge Geld und Ideen, nur kaum einer sorgt richtig und ausreichend vor. Der Markt ist also da.

Grafik: ©BlackRock

Damit in Deutschland in einigen Jahren keine Massenarmut im Alter entsteht, braucht die Masse der Bundesbürger zusätzliche Vorsorge und damit mehr denn je die Betreuung durch neutrale Finanzberater. Wir haben eine großartige Aufgabe. Keiner hat behauptet, dass Beratung und Vermittlung leicht oder leichter werden. Sie werden aber zu einer immer spannenderen Aufgabe und bleiben abwechslungsreich.

Berater müssen allerdings selbstbewusst auftreten, eine Art positiver Frechheit und Stärke entwickeln, um das weitverbreitete Misstrauen oder Desinteresse der Kunden zu überwinden. Und natürlich müssen sie über Fachwissen sowie die nötige Kreativität verfügen, um mit den hier skizzierten Überraschungen im Kundengespräch umgehen zu können.

II. Das Einmaleins der Fondskunde

1. Eine fachliche Basis schaffen

Das Thema Investmentfonds wird in diesem Kapitel von zwei Seiten beleuchtet. Sie werden etwas über den emotional besetzten Umgang mit Fonds erfahren – also wie diese meiner Meinung nach von Maklern und vor allem von Kunden betrachtet werden; ebenso wie wir als Makler mit dieser Einstellung umgehen sollten, um eine breite Öffentlichkeit für das Thema Fonds zu schaffen.

Zunächst aber soll nüchtern und auf das Fachliche konzentriert an die Thematik herangegangen werden.

Da unter uns Maklern in Bezug auf Investmentfonds ein sehr unterschiedlicher Wissensstand herrscht und ich zugleich oft erlebe, dass Makler noch sehr unbedarft mit dem Thema umgehen, beschäftigt sich das Buch an dieser Stelle mit den Grundlagen. Dieses Kapitel erhebt weder Anspruch auf Vollständigkeit, noch darauf, Sie zum Investmentbanker auszubilden oder gar zu qualifizieren. Dafür gibt es viel geeignetere Trainings und Seminare.

Mir geht es darum, die wichtigsten Bausteine zu beleuchten, die ein Finanz- und Versicherungsmakler benötigt, um mit einem guten, sicheren Gefühl Investmentfonds bzw. fondsgebundene Versicherungen zu verkaufen. Dieses Wissen kann als Basis dazu dienen, Kunden das Anlagethema verständlich zu erklären und davon zu überzeugen. Wer für die Darstellung der Thematik mehr Informationen benötigt, bediene sich der vorhandenen Fachliteratur.

Alle jene, die sich gut auskennen und denen dieses Kapitel eher langweilig oder unnötig erscheint, lade ich ein, ihr Fachwissen kurz beiseitezulegen. Überlegen Sie einmal neu, was benötigt wird, um einen Kunden zu gewinnen und ihn nicht mit fachlichen Informationen zu überfrachten.

Denn das ist die Kehrseite der Medaille: Immer wieder höre ich, dass Makler Kunden mit ihrem Wissen überfordern. Sie setzen nicht den entscheidenden Punkt, der nötig ist, um das für eine Entscheidung ausreichende Wissen zu markieren. Deckt sich das mit Ihrer Erfahrung, dann lesen Sie das Kapitel aus unbelasteter Perspektive.

Es sei noch erwähnt, dass ich persönlich ein Verfechter der offenen Investmentfonds im Sinne des § 34f Absatz 1 GewO bin und kein Freund von geschlossenen Fonds oder Private Equity. Doch das muss jeder für sich selbst entscheiden und für eine Empfehlung stichhaltige Kriterien, wie z. B. die Transparenz seiner Entscheidungen, entwickeln. Die Auseinandersetzung mit verschiedenen Investitionsmöglichkeiten ist nicht Thema dieses Buches, auch sollen keine Empfehlungen abgegeben werden.

2. Markt und Börse

2.1. Geschichte

Bereits um 1300 entstandene Aufzeichnungen zeigen, dass sich damals an bestimmten öffentlichen Plätzen, vor allem in Italien, Geldwechsler und Händler regelmäßig zum Handel verschiedener Wertpapiere, Devisen und Waren getroffen haben.

Der Name „Börse“ entstand 1409 in Brügge in Belgien. Kaufleute aller Art trafen sich, um dort zu handeln. Lokale Gastwirte traten als Vermittler auf. Die Familie Van der Beurse hat sich in diesem Umfeld als wichtigster Akteur herausgearbeitet. Aus diesem Grund haben sich um den Platz „Ter Beurse“ viele verschiedene Wechselhändler angesiedelt. So entwickelte sich im Jahre 1460 in Antwerpen die erste offizielle Börse.

In Deutschland hat es noch einige Jahre länger dazu gebraucht. 1540 entstanden in Nürnberg und in Augsburg die ersten Börsen hierzulande. Kurz danach folgte Frankfurt. Heute gibt es Handelsplätze von ganz anderem Kaliber, wie in New York, Tokio, London usw. Interessant an dieser Geschichte ist, dass Börsen deutlich älter sind als bei Sparern heute so beliebte Produkte wie die Kapitallebensversicherung oder klassische Rentenversicherung.

2.2. Der Kapitalmarkt

Wer derzeit schaut, wie viele Möglichkeiten und vor allem verschiedene Namen es im heutigen Finanzsystem gibt, um sein Geld zu investieren, dem wird wahrscheinlich schwindelig. Hier eine kleine Auswahl, die sicherlich nicht vollständig ist:

Bausparen, Pfandbrief, Bundesschatzbrief, Obligationen, Rentenpapiere, Schuldscheine, Schuldverschreibungen, Sparbuch, Sparbriefe, Unternehmensanleihe, Staatsanleihe, Aktien, Immobilien, Darlehen, Wandelanleihe, Namensschuldverschreibung, festverzinsliche Wertpapiere, Private Equity, Fonds, Zertifikate, Rohstoffe, Derivate, Devisen.

Lässt man die steuerlichen Komponenten sowie die Fakten, welche notwendig sind, um ein Produkt abzusichern, außen vor und konzentriert man sich auf die reine Form der Geldanlage, bleiben deutlich weniger Anlagearten übrig.

Zum einen ist es die Form einer Anleihe. Jemand leiht jemand anderem Geld zu einem festen Zinssatz und erhält im Anschluss das Kapital zurück. Zum anderen gehört zu dieser reinen Form der Geldanlage die Form einer Beteiligung an einem Unternehmen (Aktie). Als Drittes gibt es noch Immobilien, viertens Rohstoffe.

Fünftens handelt es sich um Wetten, bei denen der Anleger auf ein Szenario, eine Situation oder einen Ausgang wettet. Dieses Thema ist für die Kunden eines Vermittlers in der Regel uninteressant und sollte als Ergänzung und Absicherung den Fondsmanagern überlassen werden. Ein Berater sollte sich aber in dieser Materie auskennen, um seinen Kunden gegebenenfalls auf deren Nachfrage eine Einordnung geben zu können.

Über die fünf hier aufgeführten, grob vereinfachenden Punkte hinaus gibt es Hunderte Sonderformen, die vielfach ihre Berechtigung als Anlagemöglichkeit haben. In diesem Zusammenhang geht es allerdings darum, das Finanzweltdickicht etwas zu lichten und zu demonstrieren, dass die Grundidee des Investierens gar nicht so kompliziert ist. In einem später folgenden Abschnitt wird anhand einer beispielhaft aufgeführten Sales Story dargelegt, wie diese

Thematik dem Kunden erklärt und ihm die Angst vor der Finanzbranche genommen werden kann.

Die allermeisten Investmenthäuser teilen den Kapitalmarkt grob betrachtet in zwei Bereiche auf: den Rentenmarkt und den Aktienmarkt. Daneben gibt es die erwähnten anderen Anlageklassen wie Immobilien und Rohstoffe.

2.3. Der Rentenmarkt

Auf dem Rentenmarkt gibt es auf der einen Seite den Emittenten, auf der anderen Seite den Gläubiger. Der Emittent ist derjenige, der vom Gläubiger Geld bekommt; dieser erhält dafür das Recht, während der Laufzeit Zinsen und am Ende der Laufzeit den geliehenen Betrag zurückzuverlangen.

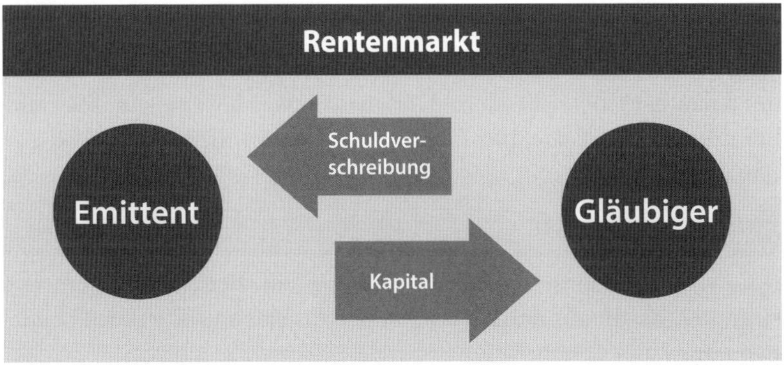

Emittenten können die öffentliche Hand oder Staaten, Länder, Kommunen sowie Kreditinstitute und Unternehmen sein. All diese können Schuldverschreibungen ausgeben, um mit dem geliehenen Geld ihre Kapitalausstattung zu erhöhen. Auf der anderen Seite befinden sich die Gläubiger, welche Privatanleger, Kreditinstitute oder auch Unternehmen sein können. Diese leihen den Schuldnern das

Geld, um mit dem vorhandenen Kapital Zinsen (Coupons) zu erwirtschaften.

2.3.1. Anleihearten

Die Arten, wie diese Schuldscheine ausgegeben werden, gestalten sich sehr vielfältig und sind nicht Thema dieses Buches. Es sollen nur einige als Beispiel genannt werden, damit Sie sich und ggbf. Ihrem Kunden ein Bild von der Funktionsweise machen können. Wer mehr darüber wissen möchte, findet genug dazu in der Fachliteratur.

Festverzinsliche Anleihe
Es wird ein Zins über die gesamte Laufzeit gewährt, am Ende gibt es das Kapital zurück. Dies ist zugleich auch die am häufigsten verwendete Form.

Nullcoupon-Anleihe
Es gibt keine Verzinsung. Der Zins wird in der Form bezahlt, dass der Gläubiger bei 100 Euro Darlehen beispielsweise nur 80 Euro bezahlt und am Ende 100 Euro erhält. Zinsen fließen während der Laufzeit nicht.

Wandelanleihen
Bei dieser Anleiheart hat der Gläubiger das Recht, zu einem bestimmten Zeitpunkt den Nennwert der Anleihe in Aktien des Unternehmens zu tauschen.

Inflationsgebundene Anleihe
Bei dieser Version der Anleihe wird oft ein fester Zins bezahlt, der nominal innerhalb eines bestimmten Zeitraumes um die Inflationsrate angepasst wird.

In der Regel wird kein Gläubiger jemandem Geld leihen, wenn er nicht einige Sicherheiten für sein Engagement erhält. So werden auch diese Schuldscheine auf verschiedene Arten besichert und haben dementsprechend dann die Namen, über die oben bereits berichtet wurde.

Die sogenannten Pfandbriefe besichern ihre Kredite mit dem eigenen Grund und Boden. Eine Unternehmensanleihe bietet dem Gläubiger Anteile am Unternehmensvermögen an. Bei einer Patronage springt ein Bürge für den Emittenten ein. Als ich beispielsweise vor vielen Jahren mein erstes Auto finanzieren wollte, musste meine Mutter für dieses finanzielle Engagement bürgen. Im Falle, dass ich die Raten nicht hätte zahlen können, hätte also sie für die ausfallende Summe geradestehen müssen.

Das Nachrangdarlehen stellt eine besondere Form dar – vor allem, weil es von einigen Unternehmen im Bereich der Kapitalanlage an Endkunden verkauft wird. Bei einem Nachrangdarlehen ist der Gläubiger zwar am Unternehmensvermögen beteiligt, aber im Fall des Falles werden zuerst alle anderen Gläubiger bevorzugt. Da man kein Wirtschaftsweiser sein muss, um zu verstehen, dass bei einer Zahlungsunfähigkeit eines Unternehmens das Vermögen relativ klein sein wird, ist schnell klar, wie groß die Chance ist, bei dieser Form – sollte eine Unternehmenspleite eintreten – sein Geld zurückzubekommen.

Wenn der deutsche Staat Anleihen emittiert, muss er diese nicht besichern. Schließlich gilt die sogenannte öffentliche Hand als sicher. Über die Solvenz und Fähigkeit europäischer Staaten, ihre Rückzahlungen zu leisten, ist ausreichend in den Medien diskutiert worden. Jeder sollte sich vor diesem Hintergrund ein eigenes Bild über diese Art der Anleihen machen.

2.3.2. Risiken

Die Risiken einer solchen Anlage können generell in fünf Bereiche eingeteilt werden: das Ausfall-/Bonitätsrisiko, Zinsänderungsrisiko, Inflationsrisiko, Kündigungs-/Auslosungsrisiko und Währungsrisiko. Zur Einführung einige nähere Erläuterungen:

Ausfallrisiko

Der Emittent kann seinen Zahlungsverpflichtungen nicht nachkommen. Dieses Risiko versucht man so gut wie möglich zu umgehen, indem der Gläubiger die Bonität des Emittenten prüft. Das tut in der Regel auch jeder Kaufmann, wenn er einem Kunden seine Ware oder Dienstleistung auf Rechnung verkauft. Man schaut z. B. in die Bilanzen.

Eine weitere Möglichkeit ist, dass man sich auf Ratingagenturen verlässt, die mit ihren Bewertungen das Ausfallrisiko beschreiben. So gilt beispielsweise ein AAA-Unternehmen als sehr sicher, während z. B. ein CCC für ein Unternehmen für eine hohe Ausfallwahrscheinlichkeit steht. Die bekannten Diskussionen über den Sinn oder die Glaubwürdigkeit von Ratingagenturen, die solche Einschätzungen vornehmen, seien hier außer Acht gelassen.

Zinsänderungsrisiko

Sollten sich die Zinsen am Markt ändern, kann das Einfluss auf den Preis des Wertpapieres haben. Wenn man die Anleihe bis zum Ende der Laufzeit hält, wirkt sich die Kursschwankung nicht aus. Man bekommt seine Zinsen und am Ende das Kapital zurück. Will man während der Laufzeit verkaufen, kann man Gewinne oder Verluste machen.

Ein Beispiel: Sie kaufen im Jahr 2010 eine Anleihe einer Firma A für vier Prozent Zinsen mit einer Laufzeit von zehn Jahren. 2015 gibt diese Firma eine weitere Anleihe für drei Prozent heraus.

Wenn Sie jetzt Ihre Anleihe am Markt verkaufen, bekäme deren Käufer noch für fünf Jahre vier Prozent Zins statt der aktuell geltenden drei Prozent. Dafür ist er breit, etwas mehr zu bezahlen, also steigt der Kurswert Ihrer Anleihe. Es kann sich natürlich auch anders herum verhalten.

Liquiditätsrisiko

Sollte der Gläubiger kurzfristig sein Geld benötigen, die Laufzeit aber noch nicht zu Ende sein, kommt er entweder gar nicht an sein Geld heran, oder er muss seine Anleihen am Markt verkaufen. Je nach Zinssatz kann das auch Verluste bedeuten.

Währungsrisiko
Sollte die Anleihe in einer anderen, ausländischen Währung gekauft werden, besteht dementsprechend ein Währungsrisiko. Aufgrund von Schwankungen der Wechselkurse schließt der Kauf einer Fremdwährungsanleihe ein Wechselkursrisiko ein. Fällt die Währung gegenüber der eigenen Währung, so erleidet man Verluste, steigt die Währung gegenüber der eigenen Währung, kann man Gewinne realisieren.

Inflationsrisiko
Das Inflationsrisiko betrifft die Unsicherheit über die wahre Höhe der späteren Auszahlung. Man bekommt zwar einen garantierten und von Anfang an klaren Betrag ausbezahlt, weiß aber nicht, wie viel das Kapital zum zukünftigen Zeitpunkt noch wert ist.

2.4. Der Aktienmarkt

Der Aktienmarkt als Teil des Kapitalmarkts funktioniert ähnlich, ist aber im Vergleich zum Rentenmarkt zumindest augenscheinlich wesentlich mehr von den Marktschwankungen abhängig. Der Börsenwert aller hier notierten Aktien wird stark von Bewertungsschwankungen beeinflusst.

Der Kapitalgeber investiert am Aktienmarkt Eigenkapital in ein Unternehmen. Er erwirbt dabei Unternehmensanteile, nicht aber den Anspruch auf eine garantierte Rückzahlung zu einem bestimmten Zeitpunkt oder eine garantierte Verzinsung. Dafür verspricht er sich einen höheren Ertrag – woraus nicht zu schließen ist, dass Anleihen grundsätzlich weniger risikobehaftet sind als Aktien.

Es gibt Stammaktien und Vorzugsaktien. Eine Stammaktie ist mit einem Stimmrecht verbunden, die Vorzugsaktie nicht. Dies wird bei Letzterer über eine bevorzugte Behandlung, z. B. eine höhere Dividendenausschüttung, ausgeglichen.

Die Aktie bietet zwei Gewinnmöglichkeiten: Auf der einen Seite steht die Dividende, die eine Gewinnbeteiligung pro Aktie darstellt. Diese ist vom Gewinn des Unternehmens abhängig und wird nicht garantiert. Große und etablierte Unternehmen schaffen es oft, regelmäßig über Jahre gute Dividendenrenditen zu erwirtschaften.

Allein dieser Punkt ist für Aktionäre interessant, da die Dividende von erfahrenen Aktionären wie eine banküibliche Verzinsung gesehen wird. Diese schwankt zwar, liegt aber in der heutigen Zeit oft über den aktuellen Bankzinsen. Eine Dividende spiegelt wieder, zu welchem Anteil Aktionäre am Erfolg des Unternehmens beteiligt werden. In der derzeitigen Zinsphase ist es jedoch keine große Kunst, mit der Dividendenrendite die Bankzinsen zu übertreffen.

Die zweite Gewinnmöglichkeit liegt im Kursgewinn. Dieser reflektiert eher die Erwartung eines zukünftigen Erfolgs eines Unternehmens. Ein Unternehmen bringt z. B. ein neues Produkt auf den Markt. Die Menschen glauben, dass es sich durchsetzen wird, und kaufen die Aktie. Sie steigt. In unserem Beispiel folgt der Kursgewinn damit langfristig der Unternehmensentwicklung (in der Realität verläuft die Kursbewegung natürlich nicht immer so linear).

Beides zusammengenommen – Dividende und Kursgewinn – fließt in die Rendite ein.

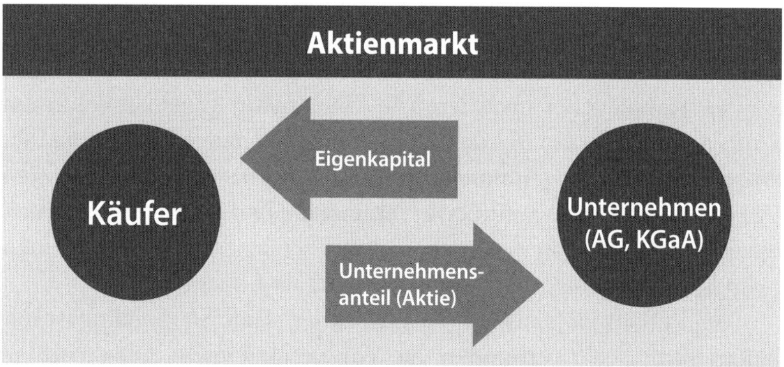

Die Entwicklung von Aktien wird nicht nur durch die Unternehmensdaten, sondern auch von äußeren Faktoren bestimmt. Medien können Auslöser von – sicherlich oft übertriebenen – Marktbewegungen sein. Meinen einzelne Börsenexperten, dass ein Unternehmenswert oder eine Branche (z. B. im Jahr 2000 die New Economy) im Steigen sind, dann können die Aktienkurse nach oben rasen. Was nach 2000 folgte, war das Platzen der sogenannten „Dotcom-Blase“, die Anlegern Verluste von mehreren Milliarden Dollar eingebracht hat.

Ein weiterer Einflussfaktor auf den Kurs eines Unternehmens ist die wirtschaftliche Situation in den Regionen, in Ländern oder auf dem Weltmarkt. Währungskurse, psychologische Faktoren und auch politische Entwicklungen nehmen ebenso darauf Einfluss.

Bei den unternehmensspezifischen Faktoren hat – neben Produktneuheiten – auch der Einsatz von neuen technologischen Verfahren positiven oder negativen Einfluss auf die Entwicklung des Unternehmenswertes.

2.5. Aktienindizes

Um einen besseren Marktüberblick zu erhalten bzw. Kursentwicklungen widerzuspiegeln, kann man die Indizes verschiedener Regionen als Kennzahlen zurate ziehen. Der DAX ist z. B. ein Index, der die Entwicklung der 30 größten und umsatzstärksten börsennotierten Unternehmen Deutschlands nach ihrem Börsenwert gewichtet nachzeichnet.

In Beratungen werde ich von Kunden immer wieder gefragt, wo denn der DAX steht, ob er oben oder unten ist und was ich in Zukunft vom DAX erwarte. Was aber hat der DAX mit dem Depot des Kunden zu tun? Er sagt zunächst nicht viel aus, denn er ist kein Qualitätsmerkmal, sondern eine Kennzahl für die Wertentwicklung der 30 wichtigsten deutschen Aktien. Zudem macht der Handel mit den DAX-Aktien nur einen kleinen Teil des Welthandels aus.

Ebenso verhält es sich beim Euro Stoxx 50. In diesem Aktienindex werden 50 große börsennotierte Unternehmen aus der Eurozone zusammengeführt. Der MSCI World reflektiert die Aktienentwicklung von über 6.000 Firmen aus 23 Industrienationen. Diese Indizes dienen als Marktindikator.

Was antworten Sie also einem Kunden, der wahrscheinlich gar nicht weiß, was die aktuelle Index-Zahl bedeutet und in welchem Zusammenhang sie mit der Bewertung seines Depots und Ihrer Anlageberatung steht? Da sind wir wieder bei meinem bevorzugten Ansatz in der Kundenberatung angelangt: Kannst du nicht überzeugen, musst du verwirren.

Wenn der Kunde überzeugt von einer – in die Irre führenden – These ist, können Sie diese nicht mit Fachwissen und Diskussionen widerlegen. Der Kunde wird tendenziell stets versucht sein, seine Aussage zu untermauern.

Albert Einstein soll diesbezüglich sinngemäß gesagt haben, es sei schwerer, den Glauben eines Menschen zu zerstören als ein Atom. Über die Einstellungen seiner Artgenossen meinte er zudem: „Der Horizont vieler Menschen ist ein Kreis mit Radius Null. Und das nennen sie ihren Standpunkt."

Wenn Sie sich nun in Erinnerung rufen, dass Menschen, wie im ersten Kapitel beschrieben, ihre Entscheidungen mit zunehmender Investitionsgröße immer stärker verteidigen werden, wird vielleicht klar, wie wenig Diskussionen über die richtige Richtung oder Behauptungen Ihrerseits nützen.

Stellen Sie Ihrem Kunden bezüglich seiner aufgestellten Feststellungen oder Thesen dagegen Fragen, die er nicht beantworten kann, haben Sie zumindest die Chance, dass er bemerkt, dass er fachlich auf dem falschen Weg ist. Er wird dabei aber nicht sein Gesicht verlieren, weil er im Gespräch als Person ernstgenommen wird. Und er tut sich leichter damit, einen neuen Gedanken anzunehmen oder über neue Ideen nachzudenken.

Fragen Sie einen Kunden, der von Ihnen den DAX-Stand erfahren möchte, doch einfach, ob er etwas über den Stand des Index als Preisindex oder Performance-Index wissen möchte. Diese Frage gehört zu meinen Lieblingsfragen, weil die wenigsten sie beantworten können. Selbst bei Branchenvertretern habe ich damit bereits viele Fragezeichen hervorgerufen.

Sollten Sie also einmal Ihre Kompetenz unter Beweis stellen müssen oder einfach Ahnung demonstrieren wollen, können Sie mit dieser Frage punkten. Frei nach dem erwähnten Motto „Kannst du nicht überzeugen, musst du verwirren" stellen Sie Menschen, die Ihnen erklären wollen, wie der Markt funktioniert, Fragen, bei denen man sich ziemlich sicher sein kann, dass sie sie nicht beantworten können. Sie nehmen ihnen damit den Wind aus den Segeln und steigern gleichzeitig Ihr Ansehen als Experte.

Natürlich sollten Sie auch die Antwort zu diesen Fragen kennen. Der Preisindex ist der Index ohne Einnahmen wie z. B. Dividenden oder sonstige Zahlungen an die Aktionäre. Ein Performance-Index geht davon aus, dass alle Einnahmen wieder in den Index investiert werden, quasi neue Anteile gekauft werden.

Vergleichen Sie einmal den Kurs- oder Preisindex mit dem Performance-Index des DAX und Sie werden große Unterschiede sehen. Daran können Sie auch erkennen, wie wichtig Dividenden und andere Einnahmen für die Rendite Ihres Kunden sind.

3. Investmentfonds

3.1. Geschichte

Seit Urzeit ist bekannt, dass ein einzelnes Unternehmen pleitegehen kann. Deshalb ist das Prinzip der Streuung auch nichts Neues. Man hat bereits früher versucht, das Kapital, das man hat, auf verschiedene Unternehmen zu verteilen.

Die Idee, die einem Fonds zugrunde liegt, war bei dessen Entstehung eine durchaus soziale Vorstellung. Man wollte den „kleinen Kunden" die Chance bieten, genauso breit zu diversifizieren, wie es vermögende Kunden schon lange konnten. Ein reicher Mensch konnte sich verschiedene Aktien kaufen und dadurch das Risiko eines einzelnen Wertes minimieren.

Jemand mit wenig Geld hatte vielleicht nur so viel davon, dass er sich eine einzelne Aktie hätte kaufen können. Damit hätte er im vollen Risiko gestanden. Die Idee eines Investmentfonds steht historisch gesehen für die Erhöhung der Sicherheit und erst dann für die Erzielung einer Rendite.

Um das Jahr 1750 (die Quellen sind hier ungenau) gründete ein Holländer namens Abraham van Kettwich das wohl erste Gemeinschaftsvermögen, indem er Anteile ausgab und für diese holländische und ausländische Anleihen kaufte. Geschätzte Leser, es sieht demnach so aus, als hätten die Holländer den Investmentfonds erfunden!

Um 1860 schließlich wurde die erste angelsächsische Fondsgesellschaft „Foreign and Colonial Government Trust" gegründet. Es folgten im Laufe der Jahre einige mehr, bis 1949 auch in Deutschland mit der ADIG – der Allgemeinen Deutschen Investmentgesellschaft mbH – die erste Kapitalanlagegesellschaft gegründet wurde. Ein Jahr später wurde dann der erste deutsche Fonds aufgelegt.

3.2. Zu den Vorteilen eines Fonds

Die Vorteile eines Fonds liegen nicht nur in der Möglichkeit für den durchschnittlich vermögenden sogenannten „kleinen Mann", an den Renditen der Großanleger zu partizipieren. Es gibt deutlich mehr Vorteile.

Chancengleichheit
Jeder erhält die gleiche Rendite. Egal, wie viel er einzahlt, prozentual bekommt jeder Anleger dasselbe. Bei einer Bank wird in der Regel immer derjenige bevorzugt, der mehr hat.

Kontrolle
Offene Investmentfonds werden streng kontrolliert. Aufsicht, Verwahrung des Kapitals und Management werden streng voneinander getrennt.

Sondervermögen
Das Kapital wird nicht in die Vermögensmasse des Unternehmens integriert, sondern als Sondervermögen getrennt verwaltet. Nach

§ 30 Investmentgesetz wird der Fonds bei einer Pleite der Fondsgesellschaft nicht berührt. Er wird von einer anderen Gesellschaft weiterhin verwaltet. Auch diese Regelung gab es bereits in der Vergangenheit. Für den Kunden ist sie langfristig eine beruhigende Angelegenheit.

Auszug aus den Paragrafen

§ 30 Investmentgesetz – Sondervermögen

(1) Die zum Sondervermögen gehörenden Vermögensgegenstände können nach Maßgabe der Vertragsbedingungen im Eigentum der Kapitalanlagegesellschaft oder im Miteigentum der Anleger stehen. Das Sondervermögen ist von dem eigenen Vermögen der Kapitalanlagegesellschaft getrennt zu halten.

(2) Zum Sondervermögen gehört auch alles, was die Kapitalanlagegesellschaft auf Grund eines zum Sondervermögen gehörenden Rechts oder durch ein Rechtsgeschäft erwirbt, das sich auf das Sondervermögen bezieht, oder was derjenige, dem das Sondervermögen zusteht, als Ersatz für ein zum Sondervermögen gehörendes Recht erwirbt.

(3) Die Kapitalanlagegesellschaft darf mehrere Sondervermögen bilden. Diese haben sich durch ihre Bezeichnung zu unterscheiden und sind getrennt zu halten.

(4) Auf das Rechtsverhältnis zwischen den Anlegern und der Kapitalanlagegesellschaft ist das Depotgesetz nicht anzuwenden.

§ 31 Investmentgesetz – Verfügungsbefugnis, Treuhänderschaft, Sicherheitsvorschriften

(1) Die Kapitalanlagegesellschaft ist berechtigt, im eigenen Namen über die zu einem Sondervermögen gehörenden Gegenstände nach Maßgabe dieses Gesetzes und der Vertragsbedingungen zu verfügen und alle Rechte aus ihnen auszuüben.

(2) Das Sondervermögen haftet nicht für Verbindlichkeiten der Kapitalanlagegesellschaft; dies gilt auch für Verbindlichkeiten der Kapitalanlagegesellschaft aus Rechtsgeschäften, die sie für gemeinschaftliche Rechnung der Anleger schließt. Die Kapitalanlagegesellschaft ist nicht berechtigt, im Namen der Anleger Verbindlichkeiten einzugehen. Von den Vorschriften dieses Absatzes abweichende Vereinbarungen sind unwirksam.

(3) Die Kapitalanlagegesellschaft kann sich wegen ihrer Ansprüche auf Vergütung und auf Ersatz von Aufwendungen aus den für gemeinschaftliche Rechnung der Anleger getätigten Geschäften nur aus dem Sondervermögen befriedigen; die Anleger haften ihr nicht persönlich.

(4) Die Kapitalanlagegesellschaft darf für gemeinschaftliche Rechnung der Anleger weder Gelddarlehen gewähren noch Verpflichtungen aus einem Bürgschafts- oder einem Garantievertrag eingehen.

(5) Gegenstände, die zu einem Sondervermögen gehören, dürfen nicht verpfändet oder sonst belastet, zur Sicherung

übereignet oder zur Sicherung abgetreten werden; eine unter Verstoß gegen diese Vorschrift vorgenommene Verfügung ist gegenüber den Anlegern unwirksam.

Satz 1 ist nicht anzuwenden, wenn für Rechnung eines Sondervermögens nach § 53, § 80a, § 90h Abs. 6 oder § 112 Abs. 1 Satz 2 Nr. 1 Kredite aufgenommen, einem Dritten Optionsrechte eingeräumt oder Wertpapier-Pensionsgeschäfte nach § 57 oder Finanzterminkontrakte, Devisenterminkontrakte, Swaps oder ähnliche Geschäfte nach Maßgabe des § 51 abgeschlossen oder wenn für Rechnung eines Sondervermögens nach § 112 Abs. 1 Satz 2 Nr. 2 Leerverkäufe getätigt oder einem Sondervermögen im Sinne des § 112 Abs. 1 Wertpapierdarlehen gewährt werden.

(6) Forderungen gegen die Kapitalanlagegesellschaft und Forderungen, die zu einem Sondervermögen gehören, können nicht gegeneinander aufgerechnet werden.

Dies gilt nicht für Rahmenverträge über Geschäfte nach § 51 Abs. 3 Nr. 3, nach den §§ 54 und 57 oder mit Prime Brokern, für die vereinbart ist, dass die auf Grund dieser Geschäfte oder des Rahmenvertrages für Rechnung des Sondervermögens begründeten Ansprüche und Forderungen selbsttätig oder durch Erklärung einer Partei aufgerechnet oder im Falle der Beendigung des Rahmenvertrages wegen Nichterfüllung oder Insolvenz durch eine einheitliche Ausgleichsforderung ersetzt werden.

(7) Werden nicht voll eingezahlte Aktien in ein Sondervermögen aufgenommen, so haftet die Kapitalanlagegesellschaft für die Leistung der ausstehenden Einlagen nur mit dem eigenen Vermögen.

Flexibilität

Der Kunde hat mit einem Fonds zwar das Risiko der Schwankungen eingekauft, kann ihn aber täglich an der Börse verkaufen. Bei einer eigenen Immobilie wäre dies schon etwas schwieriger.

Transparenz

Zu jedem Fonds muss zwei Mal im Jahr ein Rechenschaftsbericht veröffentlicht werden, der genau auflistet, wie das Geld angelegt ist und wie viel Kosten etc. entstanden sind. Der Kunde – vorausgesetzt, er kann diese Berichte lesen – sieht genau, was mit seinem Geld passiert. Das ist bei nur wenigen Geldanlagen in der Dimension der Fall. Es gibt dem Berater, der diese Berichte lesen kann, die Zuversicht, genau zu wissen, was die Gesellschaft tut.

Diversifikation

Der Kunde streut sein Geld bereits bei nur einem Fonds sehr breit. So verpflichten sich z. B. viele Fondsgesellschaften, das Geld der Anleger nur bis maximal fünf Prozent in eine Firma zu investieren. Das führt für den Einzelnen zu einer Beteiligung an mindestens 20 Unternehmen. In vielen Fonds sind es deutlich mehr.

Es gibt einige Rechenschaftsberichte zu Fonds, die als Beteiligung an einzelnen Unternehmen nicht mehr als jeweils ein Prozent ausweisen. Da die einzige Sicherheit in der heutigen Zeit eine breite Streuung des Anlagevermögens ist, macht das einen guten Fonds aus. Auf die Frage, wie man einen guten Fonds findet, wird in dem Buch im Späteren exemplarisch eingegangen.

3.3. Fondsarten

Um denjenigen, die sich bisher wenig bis gar nicht mit der Thematik auseinandergesetzt haben, einen ersten Eindruck zu verschaffen, soll nachfolgend eine kleine Auswahl an Investmentfondsmöglichkeiten präsentiert werden. Auch hier sei der Vollständigkeit halber gesagt, dass alle Fonds schwanken und mit entsprechenden Risiken behaftet sind.

Aktienfonds
Dies ist eine der einfachsten Formen eines Fonds. Er legt überwiegend in Aktien an – mit all den Chancen und Risiken bzw. Gewinnen wie Verlusten. Vielen Menschen ist diese reine Form des Investierens zu spekulativ, dafür aber eine Form, die sehr hohe Gewinnmöglichkeiten in sich birgt.

Branchenfonds
Unter diese Fondsart können Aktienfonds fallen, die ganz gezielt in einzelne Branchen oder Themen investieren. So war es beispielsweise um die Jahrtausendwende beliebt, in Telekommunikationsfonds zu investieren. Deren Wert rauschte dann zum Teil um 90 Prozent in den Keller. Leider verbinden viele Anleger bis zum heutigen Tag den allgemeinen Investmentfonds mit genau dieser Erfahrung. Sie werfen alle Produkte in denselben Topf und wollen nichts mehr von einer Fondsanlage wissen.

Rentenfonds
Ein Fonds, der überwiegend in festverzinsliche Wertpapiere anlegt. Es kommt hier, wie bei fast allen Produkten, auf die Bonität und Qualität der Unternehmen und Staaten an, in die investiert wird. Gleichzeitig gibt es hier die zuvor genannten Risiken.

Mischfonds
Dieser Fonds kann in verschiedene Anlageklassen investieren. Wenn er eine kluge und sinnvolle Anlagestrategie benutzt, stellt er eine interessante Möglichkeit dar, das Risiko und die Schwankung im Vergleich zu einem reinen Aktienfonds zu reduzieren und trotzdem eine attraktive Rendite zu erzielen.

Superfonds
Diese relativ neue Gattung darf in ziemlich viele Anlageklassen investieren. Auch Derivate, Optionen oder andere Fonds sind zulässig. Wenn ein guter Fondsmanager dieses Produkt führt, ähnelt dieses Produkt am ehesten einer Vermögensverwaltung, da in guten Zeiten

Aktien erworben werden können und in schlechten Zeiten sicherere Produkte eingekauft werden dürfen.

Garantiefonds

Dieser Fonds investiert in festverzinsliche Anlagen und zahlt zu einem bestimmten Zeitpunkt das einbezahlte Kapital wieder aus. Auch neue Höchststände können unter Umständen zum Ablauf garantiert werden. Da das alles Geld kostet, ist es langfristig fraglich, ob sich das lohnt, da die Kosten die Rendite meistens zum größten Teil aufbrauchen.

Hedgefonds

Der Hedgefonds darf in so ziemlich alles investieren, in das zu investieren ist, bis hin zu Nahrungsmitteln, Wetten auf fallende Kurse usw. Er kann zum Teil sogar mit geliehenem Geld arbeiten und auch sogenannte Leerverkäufe eingehen. Mit „hedge“ bezeichnet man das Absichern des Vermögens. Trotzdem gelten Hedgefonds als Produkte mit hohem Risiko. Die Gebühren sind relativ hoch und in den Augen von Kritikern sehr intransparent gestaltet.

Total Return Fonds

So wird ein Fonds bezeichnet, der den Schwerpunkt hat, das Kapital zu erhalten und nicht um jeden Preis eine Rendite zu erzielen. Auch hier gibt es die Kritik, dass die Kosten im Verhältnis zur möglichen Rendite zu hoch sind.

Multi Asset Fonds

Diese Produkte sind im Prinzip eine Weiterentwicklung der Mischfonds. In den Medien liest und hört man in diesem Zusammenhang des Öfteren von der „Eier legenden Wollmilchsau“. Diese Spielart ist auf jeden Fall eine interessante Anlagevariante, die durch die Streuung in verschiedene Anlageklassen versucht, das Risiko zu senken und die Rendite hochzuhalten. Je höher die Aktienquote in einem Produkt ist, umso höher natürlich auch die Schwankungen. Es sind keine Garantiefonds.

Geldmarktfonds

Hier wird in kurzläufige festverzinsliche Papiere investiert. Die Rendite kann bei guten Fonds leicht über dem Bankzins liegen, weshalb viele Menschen diese Fonds auch als eine Art Tagesgeldersatz nutzen. Dabei ist Vorsicht geboten, denn auch hier hat sich gezeigt, dass negative Renditen möglich sind.

Laufzeitfonds

Der Fonds kauft hauptsächlich Papiere, deren Laufzeit der des Fonds entspricht. Danach wird der Fonds wieder aufgelöst. Man kann zwar während der Laufzeit seine Anteile verkaufen, dies ist aber mit Schwierigkeiten verbunden. Der Vorteil dieser Art ist, dass man eine verwertbare Vorhersage über die Rendite und Laufzeit hat.

Nachhaltigkeitsfonds

Das Gewissen spielt bei immer mehr Menschen bei der Entscheidung für eine Kapitalanlage eine wichtige Rolle. Man will in Dinge investieren, die sauber erwirtschaftet werden.

Meistens sind Nachhaltigkeitsfonds noch im geschlossenen Bereich zu finden, aber auch aus dieser Gruppe findet sich immer mehr im Bereich der offenen Fonds. Die Stuttgarter Versicherung bietet inzwischen sogar eine Fondspolice mit einem grünen Ansatz an, inklusive eines nachhaltigen Garantiefonds. Auch das ist ein wachsender Markt.

Dachfonds

Mehrere Fonds werden zu einem Fonds zusammengefasst, die vom jeweiligen Fondsmanager aktiv gewechselt werden, so dass der Kunde theoretisch nur noch einen Fonds bräuchte. Den Rest machen die Profis.

So lautet zumindest die Theorie. Leider hat sich in der Vergangenheit aufgrund doppelter Kosten (denn der Fonds kostet Geld wie auch die in ihm zusammengefassten Zielfonds) und unzureichender Renditen die Entwicklung nicht so gezeigt, wie es sich viele erhofft haben.

Immobilienfonds

Hier wird in Immobilien investiert. Diese Fonds gibt es in der offenen und geschlossenen Variante. Der Kunde hat die Möglichkeit, sich mit „kleinem Geld“ an einem großen Immobilienportfolio zu beteiligen.

Denn wie könnte man sonst mit 50 Euro monatlich Anteile an einem Millionen-Euro-Komplex erwerben und sich an der Rendite beteiligen, so die Idee. Hier ist die Liquiditätsreserve von entscheidender Bedeutung, da man eine Immobilie nicht so schnell wie Aktien und Rentenpapiere kaufen kann. Wenn ein Fonds gut läuft, gibt es hier den Vorteil, dass eine stabile und gleichmäßige Rendite auf den Kunden wartet.

Exchange Traded Funds (ETF)

Der Fonds bildet einen Index nach und wird nicht aktiv gemanagt. Daher sind die Kosten deutlich geringer, der Kunde trägt im Gegenzug auch das komplette Risiko der Schwankungen von beispielsweise DAX oder Dow Jones. Da die große Mehrheit der Aktienfonds den Index nicht schlägt, sind Indexfonds eine gute Wahl.

Man darf aber nicht vergessen, dass auch dieser Markt sehr komplex ist. Es gibt auch hier verschiedene Arten von ETF, wie z. B. den physisch abbildenden oder nur teilweise abbildenden. Auch sind die meisten Menschen in Deutschland nicht bereit, die einhergehenden Schwankungen zu akzeptieren. In diesem Fall machen Mischfonds wiederum mehr Sinn – es sei denn, der Berater kann seinem Kunden beruhigend die Schwankungen vermitteln.

Auch diese Liste ist definitiv nicht vollständig. Die Fondsarten investieren in Länder, Kontinente oder weltweit; sie haben verschiedene Schwerpunkte, wie z. B. große Unternehmen (Large Caps) oder kleine Unternehmen (Small Caps).

Nahezu alle Fonds gibt es in verschiedenen Anteilsklassen. Etwa Fonds, die die Dividenden z. B. ausschütten, und denselben, der diese direkt wieder anlegt. Diese Variante nennt man thesaurierend. Viele Fonds halten die gleichen Anlagen in einer Variante in Euro, Dollar und anderen Währungen. Manches Mal werden diese Varianten auch „gehedget", d. h., gegen Währungsrisiken abgesichert.

Zusätzlich gibt es Fonds für institutionelle Anleger, ohne Ausgabeaufschlag und mit einer geringen Managementgebühr. Jede dieser Varianten hat eine eigene ISIN (International Securities Identifikation Number), eine zwölfstellige Buchstaben-Zahlen-Kombination zur Identifikation eines Wertpapieres.

Das bedeutet, dass die Gesellschaft ein und denselben Fonds in verschiedenen Modellen auflegt. Man kann dieses Verfahren mit einem Auto in verschiedenen Farben, Felgen, Sitzbezügen oder Rabatten vergleichen, wenn 100 Fahrzeuge direkt gekauft werden. Es ist immer noch das gleiche Auto mit dem gleichen Motor.

Mich belustigt es stets, wenn Berater ihren Kunden einen weltweiten Fonds in Euro empfehlen, damit sie kein Dollar-Risiko eingehen. Doch wenn man als weltweiter Fonds in Euro eine Microsoft-Aktie kauft, dann kauft der Kunde die Fondsanteile in Euro, der Manager die Aktie in Dollar und legt diese dann dem Kunden zum aktuellen Wechselkurs in den Fonds.

Genauso verhält es sich bei einem Verkauf. Wenn Sie Ihrem Kunden das Währungsrisiko ersparen wollen, nutzen Sie einen europäischen Fonds, der nur in die Euroländer investiert. Oder nutzen Sie einen Fonds, der das Risiko der Währung absichert. Bei einem weltweiten Fonds wäre dies eine „gehedgte" Variante.

3.4. Die Kosten

Es gibt drei Arten von Kosten in einem Investmentfonds: Erstens den Ausgabeaufschlag, der bis zu 100 Prozent beim Berater ankommt und mit dem Kunden durchaus verhandelt werden kann. Inzwischen gehen immer mehr Berater den Weg, dass sie keinen Ausgabeaufschlag mehr nehmen, sondern dem Kunden für die Betreuung des Depots ein Prozent Servicegebühr pro Jahr in Rechnung stellen.

Der Kunde will in der heutigen Zeit nicht nur eine gute Anlageempfehlung, die durch den Ausgabeaufschlag bezahlt wird, er möchte auch eine lebenslange Betreuung. Gleichzeitig gerät der Berater, was den reinen Ausgabeaufschlag angeht, durch seine Mitbewerber mehr und mehr unter Druck. Die Servicegebühr stellt hier eine elegante Lösung dar. Zwar dauert es länger, bis man sein Geld für die Beratung verdient hat, dafür kommen die Einnahmen regelmäßig – ähnlich, wie beim Bestand eines Sachversicherungsmaklers.

Eine Alternative wäre, den Ausgabeaufschlag zu rabattieren, weil der Aufwand am Anfang doch recht hoch ist, und ab dem zweiten oder dritten Jahr die Servicegebühr zu nehmen. Diesbezüglich sind viele unternehmerische Freiheiten vorhanden.

Zweitens gibt es die Fondsverwaltungskosten: Sie sind bis auf wenige in der sogenannten Total Expense Ratio (TER) beinhaltet. Das sind die Kosten des Fonds, geteilt durch das Fondsvolumen, multipliziert mit 100 und in Prozent ausgedrückt. Die Depotgebühr, die der Kunde an die Bank bezahlt bzw. verschiedene Transaktionsgebühren sind darin nicht enthalten. Vor allem der letzte Punkt regt immer wieder zu Diskussionen an, weil diese Gebühren zum Teil sehr hoch sind und die Kostenstruktur unsichtbar, aber deutlich erhöhen.

Drittens gibt es bei manchen Fonds eine sogenannte Performance Fee (Gebühr). D. h., dass sich der Fonds zusätzlich eine gewisse Erfolgsbeteiligung herausnimmt, wenn bestimmte Ziele erfüllt worden sind. Das kann z. B. sein, dass der Fonds bei einer Rendite über null Prozent zehn Prozent des Gewinnes abschöpft; oder dass erst bei über fünf Prozent Rendite ein Gewinn angerechnet wird. Ein Ziel kann sein, die Benchmark zu schlagen.

Jeder will Geld verdienen. Vergessen sollte man nicht, dass gerade in der TER zum Teil auch die Bestandsprovision des Beraters steckt, auf die Sie sicher nicht verzichten wollen.

In der Diskussion um das Thema Kosten müsste meiner Meinung nach einiges zurechtgerückt werden. Es geht darin meist darum, dem Kunden das günstigste Produkt zu vermitteln. Geht es Ihnen wirklich darum? Mir geht es darum, dem Kunden ein gutes Produkt zu vermitteln. Und das kann auch etwas kosten. Wie im Versicherungsbereich, werden bei der Reduzierung von Kosten oft auch Leistungen reduziert. Wenn der Kunde diese nicht braucht, ist das gut, denn dann kann er das günstige Produkt erwerben. Auf die Leistungen verzichten können im Anlagebereich aber die wenigsten. Und die, die Service und ein gutes Management benötigen, sollen das auch bezahlen. Ich gebe Kritikern Recht, wenn sie sagen, dass viele Fonds im Verhältnis zu ihrer Performance nicht die Gebühren wert sind, die sie verlangen. Es ist jedoch Aufgabe des Beraters, diese herauszufiltern.

Nach den Gewinnmargen, die beim Verkauf von Konsumprodukten entstehen, wird selten bis nie gefragt. Gefällt dem Kunden ein Produkt, wird es gekauft. Werden Kosten und Gewinne im Anlagebereich transparent dargestellt, schauen viele Menschen hin und ärgern sich über Gebühren und Abgaben. Was würden sie erst sagen, wenn sie erführen, welche Gewinnmarge Händler bei alltäglichen, beliebigen Konsumprodukten haben?

Das Problem liegt in den meisten Fällen nicht in den Kosten, sondern darin, dass diese transparent gemacht und nun dem Kunden erklärt werden müssen. Zurzeit trainiere ich einige Honorarberater, die große Probleme damit haben, ihre Produkte zu verkaufen. Das Produkt hat einen erkennbaren Nutzen.

Die Schwierigkeit besteht darin, dass vom Kunden z. B. jetzt 6.000 Euro verlangt werden müssen und diese Abgabe nicht wie früher bequem im Versicherungsmantel oder in den Kick-backs – Rabatte der TER, die an den Auftraggeber zurückfließen – der Fondsgesellschaften versteckt ist.

In diesem Zusammenhang eine Frage an Sie in Bezug auf Kosten und Rendite: Wenn Sie im Internet über Renditen von irgendeinem Fonds lesen, sind diese Angaben brutto (vor Abzug aller oben angeführten Kosten) oder netto dargestellt?

Die Antwort liegt in der Mitte. Bis auf den Ausgabeaufschlag und die Gebühr an die Depotbank sind alle Gebühren bereits berücksichtigt. D. h., selbst wenn ein Fonds X mit einer Gebühr, alle auch nicht veröffentlichten Kosten eingerechnet, von vier Prozent belegt wäre, die Rendite aber in den letzten zehn Jahre um die sieben Prozent lag, wäre Ihr Kunde doch zufrieden gewesen?

Die Tatsache, dass viele Aktienfonds ihren Vergleichsindex nicht schlagen und dies mit einer zu hohen Kostenstruktur begründet ist, stellt wieder einmal nur eine Seite der Medaille dar. Mehr dazu erfahren Sie im Abschnitt „Risikominimierung statt Renditeoptimierung".

4. Zur Auswahl von Investmentfonds

4.1. Jeder ist der Beste, nur welcher ist der Richtige?

Jedes Unternehmen behauptet, dass es die besten Fonds im Angebot hat. Das ist legitim, so verfahren in einer kapitalistischen Gesellschaft alle Firmen, die etwas verkaufen wollen, auch Automarken tun dies. Die Kunst des Verkäufers und daher in den meisten Fällen des Vermittlers ist, die geeignetsten Produkte für ihre Kunden herauszufiltern.

An dieser Stelle soll nicht über „den Besten" geschrieben werden, weil es „den Besten" schlichtweg nicht gibt. Die Frage, die sich jeder stellen sollte, ist, wie die sogenannten besten Fonds in der Zukunft performen werden. Die ganz einfache Antwort darauf: Das weiß niemand.

Wenn mich ein Kunde im Beratungsgespräch fragt, welchen Fonds er denn kaufen soll bzw. welcher Fonds der beste für seine Altersvorsorge ist, antworte ich manchmal ganz trocken: „Das weiß ich nicht". Damit werden zwei Probleme auf einmal gelöst. Der Kunde ist zunächst verwirrt, aber auch bereit, intensiv zuzuhören – denn mit dieser Antwort hat er nicht gerechnet. (Erinnern Sie sich an die Erörterung, wie wohl die Reaktion sein würde, wenn ein Fondsmanager diese Frage genauso beantworten würde?)

Gleichzeitig bremse ich die Erwartungshaltung vieler an die Zukunft aus, immer den besten Fonds zu finden. Im Anschluss mache ich dem Kunden klar, dass man sich für die Zukunft am besten rüstet, wenn man breit streut und ein paar weitere Punkte bei seiner Anlage beachtet.

4.2. Geeignete Investmentfonds auswählen

Zum einen zeigt ein Blick auf die Vergangenheitsperformance, wie der Fonds bislang gelaufen ist. Ein positiver Eindruck ist allerdings keine Garantie für die Zukunft; auch kann ein interessanter Fonds zuvor enttäuschend performt haben.

Des Weiteren ist mir persönlich wichtig, dass der Fonds flexibel ist. Wenn ein Fonds in seinem Verkaufsprospekt 95 Prozent Aktien und fünf Prozent Kasse ausweist, hat er leider nicht die gewünschte Flexibilität. Sollte zu einem ungünstigen Zeitpunkt, an dem keine guten Aktien am Markt zu erwerben sind, über den Vertrieb sehr viel Geld zufließen, muss der Manager die Aktien kaufen. Das ist meiner Meinung nach nicht mehr zeitgemäß. Deswegen verfolge ich die zwei nachfolgend aufgeführten Ansätze:

Erstens: ein ausgewogenes Mischfondskonzept. Dieser Fall wird später im Bereich der Fondspolice noch genauer erörtert. Dies kann auch durch ein Indexportfolio mit einer entsprechenden Anleihenquote dargestellt werden.

Zweitens: ein reines Index-Portfolio aus den sogenannten ETF. Damit übernimmt der Kunde zwar die vollen Marktschwankungen. Man kann ihm aber gut erklären, dass diese Lösung kostengünstig ist und er so am Markt partizipiert, wie dieser sich eben entwickelt. In diesem Fall kommt der Vermittler nicht in die Lage, sich später für eine Behauptung rechtfertigen zu müssen.

Hierbei ist aber zu beachten, dies dem Kunden genauso zu erklären. Denn wer nur über die Kosten berät, wird später schwierige Gespräche führen. Liegt Ihr Kunde mit seiner Anlage 30 Prozent im Minus, weil der Markt und damit auch die Indexfonds nachgegeben haben, wird er Ihnen nicht entspannt zuhören, wenn Sie ihm erzählen, dass er sich ja für eine kostengünstige Lösung entschieden hat.

Denken Sie daran: Kunden wollen nichts Kostenloses, sondern mit wenig Geld den größten Nutzen erwirken. Das gilt es zu transportieren.[3]

---

3 Wenn Sie zu dem Thema ETF tiefer gehende Informationen haben wollen, melden Sie sich gerne per E-Mail.

5. Risikominimierung statt Renditeoptimierung

Die grundsätzliche Frage in der Anlageberatung ist nicht, wie die beste Rendite zu erwirtschaften ist. Meiner Meinung nach ist es gerade in Deutschland wichtig, dem Kunden ein Depot zusammenzustellen, das möglichst geringe Schwankungen hat. Denn der deutsche Kunde wünscht sich, etwas flapsig formuliert, eine einhundertprozentige Kapitalgarantie und regelmäßig zehn Prozent Rendite pro Jahr.

Wenn ich Kunden die oben unter dem Punkt „Erstens" genannte Variante empfehle, möchte ich den Markt nicht schlagen. Denn ich

---

▸ Im unten gezeigten Fall hat sich der Mischfonds sogar deutlich besser entwickelt als die Aktien-Indizes. Das ist aber nicht mein Ziel.

	Wertentwicklung (%) 01.08.00 - 16.02.17	Vola. (%)
Depotvorschlag	123,28 %	10,05 %
im Vergleich zu		
DAX	65,05 %	18,14 %
Eurostoxx 50	-34,88 %	17,32 %

Grafik: © Fondskonzept AG / Maklerservicecenter

---

weiß, dass ein Depot aus Mischfonds in guten Zeiten den DAX oder S&P 500 (Standard & Poor's 500 – der Index spiegelt die Aktienentwicklung der größten börsennotierten US-amerikanischen Unternehmen wider) nicht schlagen kann.

Mir ist auch klar, dass solche Konzepte mehr Geld kosten als eine nahezu kostenlose ETF-Variante. Mein Ziel in diesem Fall ist es, dem Kunden eine solide Rendite über dem klassisch aktuellen Zinsniveau zu bieten und ihm gleichzeitig größere Schwankungen zu ersparen. Oft wird hier kritisch angemerkt, dass man diese beiden Dinge nicht miteinander vergleichen könne. Es wäre fachlich falsch,

▶ Sind Sie nach der Krise im „Tief" eingestiegen, haben sich die Indizes deutlich besser entwickelt, als ein Mischfondsdepot. Trotzdem konnte dieses ganz gut mithalten und lief deutlich ruhiger.

	Wertentwicklung (%) 16.02.03 - 16.02.17	Vola. (%)
Depotvorschlag	154,94 %	6,29 %
im Vergleich zu		
DAX	335,37 %	18,23 %
Eurostoxx 50	48,36 %	17,69 %

Grafik: © Fondskonzept AG / Maklerservicecenter

einen Mischfonds mit dem DAX oder S&P 500 zu vergleichen. Mein Argument lautet dann, dass es darauf ankommt, was ich dem Kunden demonstrieren möchte.

Mit diesem Vergleich sollen nicht die besten Renditen verglichen werden, sondern die Art und Höhe der Schwankungen, das Risiko. Ich habe in den Jahren 2001 bis 2003 genügend Gespräche mit Kunden geführt, die 30 bis 50 Prozent weniger an Wert in ihrem Depot hatten.

Damals hatte ich versucht, damit zu argumentieren, dass das Kundendepot doch weniger gefallen sei, als der zu vergleichende Index.

▶ Hier sehen Sie die Entwicklung eines typischen Depots eines Kunden aus dem berühmten Jahr 2008, das infolge der Finanzkrise und mehrerer Bankenpleiten von gravierenden Kursrutschen und dem Aussetzen einzelner Werte gezeichnet war.

	Wertentwicklung (%) 01.01.08 - 31.12.08	Vola. (%)
Depotvorschlag	-4,79 %	4,06 %
im Vergleich zu		
DAX	-39,49 %	20,15 %
DOW JONES STOXX GLOBAL 1800 INDEX	-42,06 %	21,90 %
Eurostoxx 50	-43,50 %	22,18 %

Grafik: © Fondskonzept AG / Maklerservicecenter

Doch das hat keinen interessiert. Alle wollten eine positive Rendite sehen. Als sich im Jahre 2008 die meisten Depots im Plus oder lediglich im einstelligen Minusbereich bewegten, kam so gut wie kein Anruf von Kunden. Und die, die eintrafen, konnte ich positiv und mit einigen Nachschüssen beenden.

Von vielen Beratern, die zu jener Zeit noch auf Aktienfonds gesetzt haben, weiß ich, dass ihnen die Lust auf Anlageberatung vergangen ist.

Es kommt also ganz darauf an, was der Kunde möchte. Das hört man nun in der Theorie von zahlreichen Beratern. Meine Erfahrung

---

▶ So sähe die Depotentwicklung aus, wenn jemand vor der Krise 2008 eingestiegen wäre. Das Mischfondsdepot lief wesentlich ruhiger und unter dem Strich bis heute auch deutlich besser als die Indizes.

	Wertentwicklung (%) 24.10.07 - 16.02.17	Vola. (%)
Depotvorschlag	57,37 %	6,08 %
im Vergleich zu		
DAX	50,64 %	16,77 %
Eurostoxx 50	-23,72 %	16,76 %

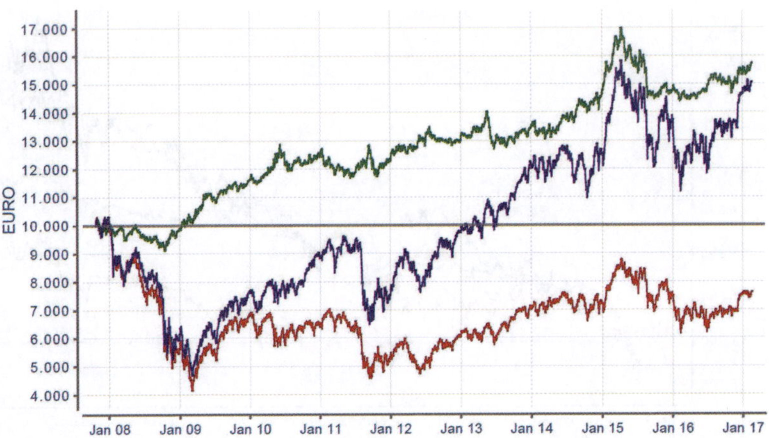

Grafik: © Fondskonzept AG / Maklerservicecenter

zeigt, dass Kunden nicht wissen, was Anlagerisiko bedeutet, welches sie eingehen wollen und wie viel Risiko sie psychisch verkraften. Alle meine Kunden wollten bislang einzahlen, zu Beginn der Rente möglichst viel zurückbekommen und währenddessen möglichst wenige Schwankungen erleben. Bei diesen konzentriere ich mich auf die Ausgewogenheit eines Depots von vermögensverwaltenden Mischfonds.

Unten auf der Seite sehen Sie ein Beispiel dazu, das keinen Anspruch auf Richtigkeit erhebt, schon gar nicht im Sinne einer Anlageberatung. Es soll nur zur Illustration dienen.

▸ So würde sich die Entwicklung darstellen, wenn jemand Ende 2008 in ein Mischfondsdepot eingestiegen wäre. Die beiden Indizes DAX und S&P 500 liefen natürlich wesentlich besser. Aber selbst 2011 wurde es kurzfristig ungemütlich.

	Wertentwicklung (%) 24.10.08 - 09.08.15	Vola. (%)
Depotvorschlag	93,92 %	3,12 %
im Vergleich zu		
DAX	169,69 %	17,03 %
Eurostoxx 50	57,22 %	17,43 %
S&P 500	137,64 %	14,16 %

Grafik: © Fondskonzept AG / Maklerservicecenter

Das letzte, unten auf der Seite gezeigte Bild zeigt ein ETF-Portfolio und seine Entwicklung im Verlauf der letzten drei Jahre. Sie sehen, auch mit dieser Aufstellung kann der DAX geschlagen werden. In der Beispielgrafik sind aber auch deutliche Schwankungen zu erkennen.

Die Frage, die Sie sich anhand dieser Beispiele stellen müssen, ist im Prinzip eine ganz einfache. Was wollen Sie Ihrem Kunden zumuten und was kann sich der Kunde zumuten?

▸ Sie sehen in dieser Grafik vor allem, dass reine ETF-Portfolios großen Schwankungen ausgesetzt sind. Dies muss Ihr Kunde emotional aushalten können.

	Wertentwicklung (%) 15.05.14 - 16.02.17	Vola. (%)
Depotvorschlag	28,42 %	7,07 %
im Vergleich zu		
DAX	22,14 %	15,40 %
Eurostoxx 50	5,07 %	15,51 %

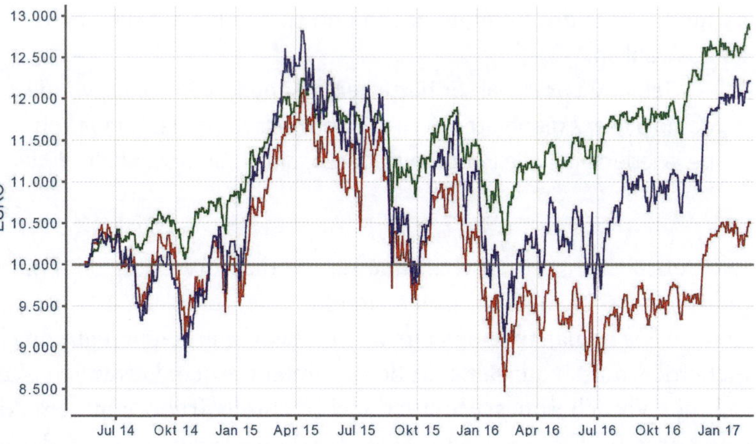

Grafik: © Fondskonzept AG / Maklerservicecenter

6. Fonds oder Fondspolice

6.1. Eine neue Ausgangslage für Makler

Die meisten Leser dieses Buches werden Versicherungsmakler nach § 34d GewO sein und wahrscheinlich Fonds nicht direkt über eine Investmentplattform anbieten können oder wollen. Daher widmet sich dieser Abschnitt dem Thema Fondspolice.

Das Vorangegangene ist für diese Lesergruppe dennoch wichtig, da es im Unterschied zu früher nicht nur auf den Versicherungsanbieter ankommt und darauf, wie sicher dieser wirtschaftlich und kostentechnisch aufgestellt ist. Mindestens ebenso wichtig, wenn nicht sogar wesentlich wichtiger, ist der Anlagemotor. Denn für den Fall, dass ein Produkt ohne Garantie verkauft wird, trägt der Kunde das Anlagerisiko. Deshalb muss der Makler verstehen, was er anbietet.

Erfahrungsbericht

Einst hatte ich bei einem Kunden eine Versicherung mit extrem schlechten Fonds entdeckt, gleichzeitig in dem Portfolio der Versicherung sehr gute Fonds gefunden. Ich ließ mir die Telefonnummer des Beraters geben und sprach ihn auf die Fondsauswahl an.

Seine Antwort war: Er hätte keine Ahnung von Fonds, würde das in dieser Art anbieten, weil es so gewollt wäre. Der Kunde könne ja jederzeit in die Fonds investieren, die er für besser hält.

Die Versicherungsgesellschaft übernimmt die Verwaltung der Fondspolice und verschiedene andere Punkte, die durchaus zu würdigen sind. Das Thema Anlage verantwortet das Unternehmen aber nicht mehr, dies muss vom Berater übernommen werden. Deswegen muss sich der Versicherungsvermittler auch mehr als früher mit dem Anlagemotor beschäftigen, um dann den Versicherungsmantel darum herum zu legen.

Über 2.500 Kunden habe ich bislang beraten, noch nie hat mich einer angerufen und gefragt, in welche Fonds er wechseln soll, oder gesagt, dass er in diesen oder jenen wechseln möchte. Da hat es sich der Berater sehr einfach gemacht.

Generell wird mir oft die Frage gestellt, ob eine Fondspolice überhaupt Sinn macht. Vor allem die Kosten stehen bei dieser Produktgruppe wieder im Vordergrund. Das Misstrauen rührt meiner Meinung nach aus folgender Erfahrung: Wir haben Ende der 1990er, Anfang der 2000er Jahre Fondspolicen verkauft und warteten dann verzweifelt auf eine positive Entwicklung.

Die Kosten mussten damals nur bedingt veröffentlicht werden, waren aber recht üppig. Die Abschlusskosten erstreckten sich über wenige Monate und die Fondsentwicklung lief nicht mehr so erfreulich, wie sie es in den 1990er Jahren noch tat. Das führte zu enttäuschenden Rückkaufswerten, unangenehmen Gesprächen mit Kunden und hatte zum Ergebnis, dass sich zahlreiche Berater von dieser Anlageform abwendeten und wieder klassische Produkte produzierten.

Jetzt kommen auch sie wegen der Niedrigzinsphase erneut in Schwierigkeiten. Viele Vermittler verlieren komplett die Lust, noch etwas für die Branche zu verkaufen.

Die gute Nachricht ist jedoch, dass sich die Ausgangslage für fondsgebundene Produkte aufgrund der aktuellen Gesetzgebung gravierend verändert hat. Es gibt inzwischen einige sehr kostengünstige Produktpartner mit einer exzellenten Fondsauswahl. Da diese sich immer wieder ändert, werde ich keine Werbung für den einen oder anderen Anbieter machen.[4]

6.2. Argumente für die Fondspolice

Auch in diesem Abschnitt soll differenziert betrachtet werden, was der Sinn einer Fondspolice ist, was sie kann und auf was der Berater

4 Wer Genaueres wissen möchte, kann mich gerne unter info@udokerzinger.de kontaktieren.

achten sollte, um dem Kunden mit gutem sicheren Gefühl in der heutigen Zeit solch ein Produkt anzubieten.

Als ein Vorteil der Fondspolice wird immer wieder genannt, dass der Kunde auch einen Todesfallschutz integrieren kann. Das ist für mich kein Argument, bekommt er doch den Todesfallschutz im Rahmen einer Risikolebensversicherung wesentlich günstiger und kann stattdessen eine fondsgebundene Rente abschließen. Es gibt wesentlich mehr und wichtigere Argumente für eine Fondspolice.

Erstens:

Für die meisten Kunden ist ein reiner Fondssparplan ihrem Verständnis nach keine Altersvorsorge. Er wird meiner Erfahrung nach viel zu früh für Konsumzwecke gekündigt, das Angesparte dann sofort ausgegeben.

Die Variante einer Versicherung dient diesen Kunden auch als eine Art Selbstschutz, da sie in ihrem Ablageordner geschrieben sehen: Das ist für die Rente. Auch wenn Kunden diese Verträge oftmals nicht bis zum Schluss durchhalten, ist eine Versicherungslösung psychologisch gesehen die bessere Alternative. Zumindest für die meisten.

Zweitens:

Die Versicherung bietet eine lebenslange Rente mit einem meist schon heute garantierten Rentenfaktor an. Auch wenn viele in der Lage sind, ihr Geld selbst zu verwalten, ist dieses Versprechen auf eine spätere regelmäßige Zahlung für die meisten Menschen in unserem Land immer noch zwingend notwendig. Man stelle sich vor, was passieren würde, wenn sich das Konto eines Durchschnittssparers ein Leben lang auf der Nulllinie bewegt und plötzlich zum Rentenbeginn mehrere Hunderttausend Euro auf das Konto fließen.

Das klingt für mich genauso, als wenn Sie einem Dreijährigen eine Schüssel Süßigkeiten auf den Tisch stellen und von ihm verlangen, sich die Naschereien bis zur Einschulung gleichmäßig einzuteilen. Sie können gerne überlegen, was mit großer Wahrscheinlichkeit eintritt. Zudem kann man – egal ob Sparer oder Selbstverwalter – nicht wissen, ob man im Alter von Mitte 80 geistig und körperlich noch in der Lage sein wird, sein Vermögen selbst zu managen. Oder ob nicht irgendwann der Zeitpunkt kommt, an dem es besser wäre, dass regelmäßig monatlich Geld zur Finanzierung der eigenen Verpflichtungen auf das Konto überwiesen wird.

Drittens:
Die meisten Menschen sparen nicht 500 Euro monatlich. Diese Summe wird aber benötigt, um in einer Einzelfondsauswahl zehn verschiedene Fonds gleichzeitig zu besparen. Da die einzige Form der Sicherheit in einer breiten Streuung liegt, kann man bei einer guten Fondspolice bereits mit dem Mindestbeitrag das aufgewendete Geld auf zehn Fonds aufteilen.

Viertens:
Bei den meisten Anbietern ist der Fondswechsel kostenlos. Kein Mensch, weder Sie als Berater noch der Kunde, sollen und werden pro Jahr mehrfach den Fonds wechseln.

Da sich aber die Zeiten ändern und eines unserer Risiken als Berater eben ist, nicht zu wissen, welche Fonds in 20 Jahren gut sein werden, hilft es, zu wissen, dass kostenlos und steuerneutral in andere Fonds gewechselt werden kann. Diese Flexibilität unterstützt Sie dabei, mit guten Argumenten etwas für die lange Zukunft zu verkaufen.

Fünftens:
Jeder Fonds enthält neben den Kursgewinnen auch verschiedene andere Einnahmen, z. B. Mieteinnahmen, Dividenden oder Zinserträge. Diese müssen versteuert werden. Bei einem direkten Fondsangebot geschieht dies jährlich und mindert den Zinseszinsertrag. Im Rahmen einer Fondspolice bleiben diese Erträge steuerfrei im Vertrag, bis zur Kündigung oder dem Ende.

Sechstens:
Viele Policenanbieter führen eine Art Ablaufmanagement durch. D. h., dass das Depot fünf bis zehn Jahre vor Ablauf in schwankungsärmere

Fonds umgeschichtet oder sogar der Höchststand zum Ablauf garantiert wird. Das kostet zwar Rendite, ist aber am Ende nicht mehr so entscheidend, wie dem Kunden die Angst zu nehmen, dass sich kurz vor Beendigung der Sparphase noch ein Crash auf das Vermögen auswirkt.

Siebtens:
Wer möchte, kann als Anleger eine Kapitalgarantie nutzen. Manche Anbieter sichern diese sogar in einer Spanne von null bis einhundert Prozent zu sowie die Möglichkeit, die Garantie während der Laufzeit zu verändern.

Achtens:
Es gibt Policen, die dem Berater die Anlageberatung abnehmen und bestimmte Körbe oder Baskets mit ausgewählten Lösungen anbieten. Der Berater sucht nur noch die passende Strategie aus und die Gesellschaft kümmert sich um das Anlagemanagement.

Jedem sollte klar sein, dass dieses Angebot extra Geld kostet und damit auch Rendite. Ich selbst bin kein Freund dieser Angebote – vor allem, weil Sie mit dem allseits bekannten Mischfonds eine durchaus ausreichende Mischung bieten können. Wer das noch mit einer Garantie versieht, hat meiner Meinung nach ausreichend für die Sicherheit getan. Ich selbst und auch meine Kunden benötigen nicht einmal eine Kapitalgarantie. Warum Kunden das so wollen, wird in einem nachfolgenden Abschnitt erklärt.

Neuntens:
Fondspolicen bieten Vorteile in der Auszahlung. Sie lassen sich verrenten oder einmalig auszahlen. Beides stellt sich steuerlich besser dar, als bei einem reinen Sparplan.

Die oben aufgeführten Argumente sind genau die Punkte, die ich im Gespräch anbringe, um Kunden zu erklären, warum das Produkt als Anlageform Sinn macht. Man sollte nur nicht alle auf einmal aufgreifen, um den Kunden nicht zu überfordern.

6.3. Kriterien zur Auswahl einer Gesellschaft

Bei der Auswahl einer Gesellschaft für eine Fondspolice achte ich auf folgende Punkte:

- Die Fondsauswahl sollte ausreichend groß sein und alle bekannten und beliebten Fonds enthalten. Auch das Thema Indexfonds sollte die Gesellschaft berücksichtigen.
- Die Gesellschaft sollte flexibel sein und auch in Zukunft immer die aktuellen Fonds bereitstellen können und wollen.
- Aufgrund des in Punkt zwei genannten Kriteriums bin ich ein Freund von Gesellschaften mittlerer Größe, bei denen ich schnell zu einem entsprechenden Entscheider vordringen kann.
- Die Kick-backs sollten zu 100 Prozent transparent an den Kunden zurückfließen oder bestenfalls gar nicht angenommen werden. Das spart doppelte Kosten.
- Wenn eine Garantie gewünscht wird, sollte die Gesellschaft eine gute wirtschaftliche Situation aufweisen können und die Garantie möglichst kostengünstig darstellen.
- Ein automatisches Ablaufmanagement ist heute ein Muss, keiner hat Zeit, sich später selbst darum zu kümmern.
- Die Kosten müssen transparent und fair gestaltet sein. Kostenlos geht nicht, aber die Abgaben sollten für den Kunden und vor allem den Berater nachvollziehbar sein.

Zusammengefasst heißt das: Fondpolicen sind, richtig eingesetzt, gute Produkte für jemanden, der etwas für seine Rente tun möchte. Die Gebühren haben sich bei den meisten Gesellschaften in die richtige Richtung entwickelt und bieten dem Kunden gute Möglichkeiten, ein gutes Verhältnis zwischen Kosten, Rendite und Risiko zu erwirtschaften.

Für Menschen, die nur oder zusätzlich Vermögen aufbauen wollen, ist der Sparplan als direktes Investment besser geeignet. Dieser erfordert aber die Disziplin, lange durchzuhalten, und macht dann Sinn, wenn das angesparte Geld vor der Rente einmalig für eine größere Anschaffung benötigt wird.

7. Über Ängste des Kunden

Das Thema Investmentfonds ist ein emotional besetztes Thema. Die wenigsten gehen hier rational vor – obwohl ein vernunftgesteuertes Vorgehen bei Geld und Fonds hilfreich wäre. Deshalb soll im Nachfolgenden über die emotionale Seite von Fondsanlagen berichtet werden, basierend auf dem, was mir als Berater aufgefallen ist und mich bewegt hat.

7.1. Risiken für Sie und für Ihren Kunden

Bei einem Investmentfonds ohne Garantie trägt logischerweise der Kunde das volle Risiko der Schwankungen. In den Risikohinweisen kommt auch immer wieder das Wort Totalverlust vor. In den Dokumentationen oder auch Verkaufsprospekten finden sich zudem seitenweise Hinweise auf alle möglichen weiteren Risiken. Währungsrisiko, Liquiditätsrisiko usw. Wenn der Kunde das alles ungefiltert liest, wird er wahrscheinlich nicht abschließen.

Die Risiken für den Vermittler sind dagegen recht einfach gehalten. Es gibt im Prinzip nur zwei. Das Haftungsrisiko, wenn der Kunde den Makler später für eine falsche Anlageberatung verklagt, und das Risiko, dass der Interessent sein Geld anderweitig anlegt und schlecht über den Berater berichtet. Das ist dann das Image- oder auch Einnahmenrisiko.

Die zweite Gefahr kann man rechtlich gesehen noch entspannt betrachten. Beide Risiken zusammen betrachtet, können sich auf den Geldbeutel und die emotionale Verfassung eines Vermittlers alles andere als optimal auswirken. Es gibt mehrere Möglichkeiten, mit der Situation bei einer ersten Beratung aber auch im späteren Verlauf einer Kundenbeziehung umzugehen.

- Sie können nur Garantieprodukte verkaufen. Der Kunde hat dabei eine relativ übersichtliche Rendite, Sie aber sind zumindest die Haftung im Bereich der Schwankungen los.
- Sie erzählen Ihrem Kunden nichts über die Risiken. Dann laufen Sie natürlich Gefahr, dass die Sache ein böses Ende nimmt.
- Sie erzählen ihm alles, lassen ihn sich seine eigene Meinung bilden und werden in diesem Bereich wahrscheinlich wenig Umsatz machen.
- Sie gehen mit dem Kunden die wichtigsten Risiken durch und erarbeiten mit ihm, wie groß die Wahrscheinlichkeit des Eintritts der Risiken ist. Hierzu können Sie z. B. einen Rechenschaftsbericht eines internationalen Investmentfonds vorlegen, dem Kunden die Übersicht über alle Beteiligungen verschaffen und ihn dann fragen, wie wahrscheinlich es ist, dass alle betroffenen Firmen von heute auf morgen in wirtschaftliche Schwierigkeiten geraten.

7.1.1. Zur Haftungsproblematik

Nachdem ich mich als Makler selbstständig gemacht hatte, habe ich verschiedene Veranstaltungen über die in der Branche immer wieder diskutierte Haftungssituation besucht. Meinen Kollegen und mir wurde damals ein derart alarmierendes Panikszenario entworfen, dass wir uns vor unserem geistigen Auge schon im Gefängnis sahen. Wenn wir den Anwälten zuhörten und dabei beispielhaft eine Reihe von Gerichtsfällen präsentiert bekamen, verging uns fast die Lust an der seriösen Anlageberatung – so, wie sie viele Makler nach bestem Wissen und Gewissen betreiben.

Im Laufe der Zeit sind mir auch andere Vertreter des Berufsstandes über den Weg gelaufen bzw. ich habe mir vermehrt darüber

Gedanken gemacht, wie meine damals dreizehn Jahre Tätigkeit im Finanzvertrieb gelaufen sind, sowie darüber, welche rechtlichen Auseinandersetzungen mein Team und ich erlebt haben. Beim Nachdenken ist mir dann aufgefallen: nichts! Es ist nichts passiert. Bis zum heutigen Tag.

Vergleichen Sie die Situation mit der eines Arztes: Wird er gefragt, berichtet er nur über kranke Menschen um sich herum. Wie viele Millionen aber gesund und glücklich durch ihr Leben gehen, liegt außerhalb seiner Perspektive.

Ebenso verhält es sich wahrscheinlich mit Anwälten. Sie beschäftigen sich mit den extremen Fällen, bei denen reichlich schiefgelaufen und viel zu bemängeln ist. Wie viele Kunden aber glücklich mit ihrem Berater sind, auch wenn die Rendite nicht das gewünschte Ergebnis zeigt, davon spricht keiner. Denn das liegt nicht im Aufmerksamkeitsfokus von Anwälten.

Das Thema Haftung soll nicht verharmlost werden. Gleichzeitig versuche ich, zu erforschen, was es braucht, damit es auch im ungünstigen Fall vonseiten des Kunden nicht zu einem Rechtsstreit kommt. Denn selbst wenn alles zu 100 Prozent protokolliert wird und man vor Gericht Recht bekommt, geht viel Zeit verloren und beiden Parteien verbleibt ein ungutes Gefühl.

Deshalb versuche ich, eine Auseinandersetzung erst gar nicht eskalieren zu lassen. Hier helfen gewisse Spielregeln und das Wecken einer Kundenbegeisterung, doch dazu später im Buch mehr.

Je enger man an seinen Kunden dran ist, je persönlicher sich das Verhältnis gestaltet, desto weniger hat man mit rechtlichen Dingen zu tun. So war es sicherlich ein Vorteil für mich, dass aufgrund meiner Vergangenheit als Mitarbeiter eines Strukturvertriebs fast ausschließlich eigene Bekannte, Bekannte von Empfehlungsgebern oder Kontakte aus Empfehlungen Kunden wurden. Zu allen bestand ein nahes Verhältnis.

Auch glaube ich, dass der von uns gewählte Ansatz einer investmentgebundenen Beratung so klug konstruiert ist, dass die meisten Kunden bei Schwankungen nach unten nicht mehr zucken und sich generell bewusst sind, dass ein Ergebnis schlechter als geplant ausfallen kann. Passiert dies, steht man dennoch in guter Beziehung zueinander und hat mit der rechtlichen Thematik nichts zu tun.

Es macht also mehr Sinn, sich damit zu beschäftigen, es gar nicht erst zu einem Rechtsstreit kommen zu lassen. Und nicht damit, wie man einem Kunden in einem solchen Streit begegnen oder diesen gewinnen soll. Sie können eben nicht lückenlos protokollieren und vor Gericht braucht es eine Menge Glück. Setzen Sie also einfach vorher mit der Beziehungspflege an.

Wenn Sie mit dem Kunden ganz offen über Schwankungen und Kosten reden – einfach, nicht zu sehr im Detail, aber derart, dass er es versteht – haben Sie meiner Meinung nach bereits dafür getan. Menschen, die dieses Vorgehen (aus welchen Gründen auch immer) nicht verstehen, dürften nicht zur Zielgruppe Ihrer Beratung werden. Denn dabei kann einiges schiefgehen.

7.2. Der Kunde will das Produkt gar nicht

Oft werde ich von Maklern gefragt, wie ich es anstelle, dass meine Kunden Fonds besitzen wollen. Ihre Kunden wollten keine, bzw. wenn, dann nur Garantieprodukte. Vor dem Gespräch sind meine Kunden auch nicht von Fonds überzeugt. Wenn man sie direkt zu Beginn oder in der Akquisephase fragen würde, ob sie Fonds besitzen wollen, würden auch sie mit „nein“ antworten.

Hier liegt übrigens der Grund, warum ich den Internetmarkt ganz entspannt betrachte. Der Onlineverkauf von Investmentfonds im Rahmen einer Altersvorsorge setzt voraus, dass sich Arbeitnehmer nach einem anstrengenden Tag im Job abends an den Rechner setzen und konzentriert nach günstigen Fonds zur Alterssicherung suchen. Das tun wohl nach wie vor die wenigsten. Und selbst wenn sie es tun, sind sie aufgrund der Vielzahl an Angeboten so verunsichert, dass sie sich einen Berater suchen.

In vielen Branchen schauen sich Kunden die gewünschten Produkte im Laden an, lassen sich vielleicht dazu beraten und kaufen dann zu einem günstigeren Preis im Internet ein.

In der investmentgebundenen Beratung geschieht es zum Glück noch anders herum. Wer online nachschaut und Vergleiche einholt, sucht dennoch das persönliche Gespräch mit dem Berater. Vielleicht konfrontieren die Interessenten diesen mit den bei ihren Recherchen gewonnenen Ergebnissen oder ihrem Halbwissen. An Ihnen als Berater liegt es dann, den Kunden davon zu überzeugen, sich auf Ihre Dienstleistung zu verlassen und Ihnen zu vertrauen.

7.3. Was tun, wenn die Anlage schlecht läuft?

„Sei da in schlechten Zeiten", hat ein guter Freund einmal gesagt. Genau hier setzt meines Erachtens eine gute Anlageberatung an. Verkaufen kann im Prinzip jeder. Wenn das Investment die gewünschten Renditen erwirtschaftet, läuft alles perfekt. Es gibt aber immer Jahre, die nicht so gut laufen wie versprochen oder gehofft wurde. In genau diesen Zeiten müssen Sie für Ihren Kunden da sein.

Manchmal müssen Sie sich auch unüberlegte Kommentare oder Beschwerden anhören. Die Erfahrung zeigt, dass Kunden in schwierigen Situationen „Dampf ablassen", manchmal auch ihre Angst, Wut oder Verzweiflung zum Ausdruck bringen wollen. Gleichzeitig zeigt sich eine Form der Handlungsunfähigkeit. Ihre Kunden haben sich auf jemanden verlassen, weil sie selbst zu wenig Fachwissen haben, sind nun enttäuscht und wissen nicht, was zu tun ist.

Gerade die Unwissenheit über die Zukunft ist Ursache für die Hauptängste der Menschen, etwa Existenzängste. Wichtig ist deswegen in einer kritischen Phase, dass Sie in enger Kommunikation mit dem Kunden stehen. Er ruft Sie nicht an, wenn er 10.000 Euro im Plus ist. Er ruft Sie aber an, wenn sein Depot 1.000 Euro im Minus steht, selbst wenn es zuvor 2.000 Euro gestiegen und daher ein Plus zum eingezahlten Geld vorhanden ist.

Die Krux unserer Branche ist, dass unsere Produkte nicht greifbar sind. Alles, was der Kunde sonst konsumiert, kann er anfassen, sich anschauen und ein Gefühl dazu entwickeln. Bei uns kauft der Kunde monatlich oder einmalig die Hoffnung, sich später einmal mehr leisten zu können. Er packt seine Unterlagen in den Schrank und findet keinen direkten Bezug mehr dazu.

Es gibt Anbieter, die sich mit der Frage beschäftigen, wie dem Kunden auch während der Laufzeit immer wieder ein positives Gefühl in Bezug auf seine Altersvorsorge zu vermitteln ist, so dass er nicht die Lust verliert und seinen Vertrag aufgibt. Das halte ich für einen guten Ansatz.

Bei nahezu allen Produkten, die ein Mensch kauft, hat er einen sofortigen Nutzen. Eine Immobilienwerbung hat dies meines Erachtens einmal in einem Werbeslogan gut auf den Punkt gebracht: „Die einzige Altersvorsorge, von der Sie jetzt schon etwas haben".

Und genau da liegt der springende Punkt. Wir wollen immer sofort etwas haben für unser Geld. Klappt es nicht und läuft es dann auch noch schlecht mit der Geldanlage, trennen wir uns von den Produkten und kaufen von dem Erlös etwas, von dem wir sofort etwas haben.

Deshalb müssen Sie für den Kunden da sein. Er braucht Sie und Ihren Rat, vor allem wenn es schlecht läuft im Depot. Es müssen nicht immer persönliche Besuche sein. Ab einer bestimmten Bestandsgröße ist es allein zeitlich nicht machbar, persönliche Präsenz zu zeigen. Eine Betreuung über Telefon, Briefe, E-Mails oder kurze Online-Videos in regelmäßiger Form reicht i. d. R. aus.

Viele Kunden wünschen es auch nicht, dass ein Berater in ihrem Wohnzimmersessel Platz nimmt und ihren Kaffee trinkt. Der Großteil meiner Beratungen, vor allem die Beratung der Bestandskunden, findet mittlerweile online oder per Telefon statt. Das spart zudem Spritkosten und hat den Charme, dass man von überall aus auf der Welt arbeiten kann. Das ist eine äußerst attraktive Seite des Berufs des Finanzdienstleisters.

7.4. Sicherheit oder Garantie

Grundsätzlich will fast jeder Kunde in Deutschland, dass sein angelegtes Kapital erhalten bleibt. Bei dem Wort Fonds denken die meisten an

Aktienfonds oder an die berüchtigten Fonds des sogenannten Neuen Marktes. Ein negatives Image bleibt lange in den Köpfen der Leute.

Erfahrungsbericht

Mir hat letzte Woche eine Freundin erzählt, dass in ihrer Stadt immer noch die übereinkommene Meinung vorherrsche, man könne in einem bestimmten Restaurant nicht essen, die Speisen wären dort ungenießbar.

Dass vor etwa zehn Jahren der Besitzer gewechselt hat und der neue eine hervorragende Küche anbietet, will die Masse der Leute nicht wahrhaben. Es war einmal so und damit „basta". Das Schubladendenken hat eben eine lange Tradition. ◀

Wenn diese Denkweise bereits eine alltägliche Sache wie ein Restaurant betrifft, wie soll es erst bei so komplexen Produkten wie einem Fonds sein?

Die meisten Menschen haben ihre ersten Erfahrungen mit Aktienfonds oder schlimmstenfalls mit Fonds am Neuen Markt Ende der 1990er Jahre gemacht. Diejenigen, die aktiv keine Erfahrung gesammelt haben, haben zumindest davon gehört oder kennen jemanden, der Verluste erlitten hat. Genau wie im Beispiel mit dem Restaurant. Dass Fonds nicht gleich Fonds sind, ist bis heute nicht einmal jedem Finanzberater bewusst. Und erst recht nicht, dass sich diese weiterentwickelt haben.

Aus diesem Grund müssen wir Kunden klarmachen, was eine Garantie ist und was Sicherheit in der Finanzwelt bedeutet. In diesem Zusammenhang nutze ich gern ein Beispiel aus dem Jahr 2008, als Angela Merkel im Fernsehen aufgetreten ist und deutlich beruhigende Worte an die Nation richtete. Die Sparguthaben der Sparer seien gesichert.

Damals sind mir sofort zwei Fragen in den Sinn gekommen. Wenn unser Geld bei Banken und Versicherern sicher aufgehoben ist, warum muss dann die Bundeskanzlerin öffentlichkeitswirksam diese Aussage treffen? Und: Woher nimmt sie im Ernstfall wohl das viele Geld?

Auch wenn der gewöhnliche Anlageberater wohl nie in die größten Tiefen der Finanzwelt eintauchen können wird und es wahrscheinlich auch nicht will: Es wird relativ schnell klar, dass es wirkliche Garantien nur aus einem Grund gibt. Wenn derjenige, der sie garantiert, mehr als das erwirtschaftet.

Wenn Sie sich ein Elektrogerät kaufen, dieses in der Garantiezeit den Geist aufgibt und Sie bei dem inzwischen insolvent gegangenen Unternehmen die Garantie einklagen wollen, werden Sie relativ wenig Chancen haben. Eine Garantie ist eben nur so viel wert, wie der, der sie ausspricht.

Bei Finanzinstituten verhält es sich nicht anders. Ein einfaches Beispiel, das vielleicht nicht jeder volkswirtschaftlichen Prüfung standhält, soll zeigen, was das Problem von Garantien ist. Wenn ein Finanzinstitut über einen langen Zeitraum eine Garantie ausspricht und mit dem Geld der Kunden nicht mehr erwirtschaftet, wird es langfristig die Garantien nicht halten können.

Wir erleben derzeit einige Szenarien und Zukunftsrechnungen im Bereich der Lebensversicherungen. Diese haben dem Kunden in der Vergangenheit für einen sehr langen Zeitraum eine Garantie in Aussicht gestellt, die die Versicherer bei ihrer konservativen Anlagepolitik nicht erwirtschaften können. Dann müssen auch noch Kosten angerechnet und Versicherungsvermittler bezahlt werden – und schon haben wir das Problem.

Angesichts dieser Entwicklung betrachte ich das Thema Investment mit Gelassenheit. Wir verfügen nämlich über den offenliegenden Nachweis, dass der Markt keine attraktiven Garantien geben kann, wenn der, der sie gewährt, nicht einiges mehr mit den eingezahlten Beiträgen erwirtschaftet. Wieso benötige ich dann überhaupt Garantien? Genauso erkläre ich es den Kunden und die meisten verstehen es.

Dabei nehme ich so gut wie alle in Schutz. Den Versicherungsmakler, in diesem Fall mich oder einen Mitbewerber, bei dem der Kunde ähnliche Produkte gekauft hat. Die Versicherungsgesellschaft, die aufgrund gesetzlicher Vorgaben beziehungsweise Auflagen der Regulierungsbehörde eine gewisse Anlagepolitik betreiben muss und die letztlich nicht dafür verantwortlich ist, dass die Zinsen in der Eurozone so dramatisch in den Keller gesunken sind.

Damit sollte klar sein, dass Sie gelassen mit der Thematik Investment umgehen können, auch wenn Sie Kunden zu einer früheren Zeit klassische Produkte verkauft haben. Es gab Zeiten, da waren diese Produkte gut. Steuerfrei in der Auszahlung, mit einem hohen Garantiezins belegt und mit einer üppigen Überschussbeteiligung bedacht. Wieso sollte man in Fonds investieren und Schwankungen und Risiken akzeptieren, da es doch aus finanzieller Sicht nicht nötig war?

Die Zeiten haben sich aber, wie berichtet, geändert. Nur, dass das der Durchschnittsparer nicht akzeptieren will. Er verlangt immer noch nach den alten Produkten mit den guten, verlässlichen Renditen. Wenn aber Garantien nicht mehr funktionieren oder Garantieprodukte nur im minimalen Bereich magere Zinsen abwerfen, muss das Thema Sicherheit neu definiert werden.

Dies geschieht nach dem Motto: Eine 100-prozentige Sicherheit gibt es heute nicht mehr. Wenn einerseits selbst Staaten und große Banken pleitegehen können, andererseits Konzerne nur durch ein massives Einschreiten des Staates am Leben erhalten werden, ist die einzige Form der Sicherheit, Anlagekapital möglichst breit in verschiedene Anlageklassen möglichst rund um den Globus zu verteilen.

Das ist meiner Meinung nach die höchste Form der Sicherheit – nicht zu verwechseln mit einer Garantie. Die gibt es hier auch nicht. Sie wird auch nicht benötigt, vor allem nicht, wenn der Anlagezeitraum 20 Jahre und länger beträgt.

7.4.1. Inflation als Zusatzfaktor

Das Thema Inflation wurde in diesem Zusammenhang noch nicht angesprochen. Befragen Sie hierzu einmal einen Kunden: Wenn ein 30-Jähriger 100 Euro in einen Sparvertrag spart und bis zur Rente mit 65

Jahren 42.000 Euro einbezahlt, hätte er bei einer Kapitalgarantie 42.000 Euro. Was macht ein heute 30-Jähriger mit 42.000 Euro in 35 Jahren? Das Geld ist dann so gut wie nichts mehr wert. Wenn dieses Depot im unwahrscheinlichen Fall sogar nur 30.000 Euro wert sein sollte, wäre das zwar bitter. Nach Inflation wären aber beide Ergebnisse für seine geplante Altersvorsorge zu wenig.

Der Durchschnittsparer sieht sich gezwungen, sechs bis acht Prozent Rendite auf sein Sparguthaben anzustreben. Denn nur damit hat er eine Chance, die Summe aufzubauen, die er für eine zusätzliche Rente benötigt. Anhand dieser Rechenbeispiele wird klar, dass mit Hilfe eines klassischen Produktes der Aufbau einer ausreichenden privaten Zusatzvorsorge nicht funktioniert. Der Sparer macht nach Abzug der Steuer und zu erwartenden Inflation ein Minusgeschäft. Das aber garantiert.

Das Fondsprodukt gibt dem Kunden keine Garantie, aber eine begründete Chance – wenn wir uns die wirtschaftlichen Zusammenhänge vor Augen halten –, so viel aus seinem Geld zu machen, dass es für eine monatliche Rentenzahlung ausreicht.

7.4.2. Ein Wort zu kursierenden Horrorszenarien

Im Kundengespräch schaue ich mir heute gemeinsam mit dem Kunden die Renditen der Mischfonds und Indexfonds aus den Jahren von 2000 bis 2016 an und überlege mit ihm, was in dieser Zeitspanne alles passiert ist. Von einer Internetblase über die Bankenkrise, Staatenkrise bis zum Griechenland-Drama, Brexit, einem US-Präsidenten Donald Trump u. v. m. Wenn sich ein Depot trotz der damit verbundenen wirtschaftlichen Krisen mehr als verdoppelt hat, kann man sich eine entspannte Einstellung erlauben.

Was soll denn noch kommen? Eine Währungsreform? Der Zusammenbruch des kompletten globalen Wirtschaftssystems? Ein neuer Weltkrieg?

Man sollte das ganz pragmatisch sehen und sich nicht in verschwörerischen Spekulationen ergehen. Genauso zurückhaltend bin ich hinsichtlich positiver Prognosen. Mein Ziel ist, Kunden so aufzustellen, dass sie bei einem Aufstieg der Märkte ordentlich partizipieren und im Falle eines Abstieges wenig verlieren. Dann kommt alles in allem ein zufriedenstellendes Ergebnis zustande. Und sollte eines der geschilderten Horrorszenarien eintreten, hat die Menschheit sicherlich andere Probleme, als sich um ihr Geld zu kümmern.

Um zu dieser Gewissheit zu gelangen, muss man kein Hellseher sein. Es reicht ein Blick in Länder der Dritten Welt. Die Menschen dort haben definitiv kein Altersvorsorgeproblem. Sie haben akute, oft existenzielle Probleme. Dabei nützt ihnen das Grundstück, der Besitz von Gold oder sonstigen Werten nur bedingt. Im Ernstfall werden diese ihnen von ihrer Regierung entzogen oder durch Kriege zerstört.

Dies haben wir auch in Europa einst erlebt. Sachwerte im weiteren Sinne, zu denen ich auch Aktien zähle, sind ein guter Anfang, um sich vor einer negativen Entwicklung zu schützen. Wenn es hart auf hart kommt, hilft wahrscheinlich nur Beten und ein gutes soziales Netzwerk, um sich gegenseitig zu unterstützen. Für alle anderen Fälle ist ein breit gestreutes Depot der gangbare Weg.

Fazit: Die Streuung macht's.

7.5. Spielregeln der Beratertätigkeit

Ziel unserer Beratertätigkeit sollte sein, mit Kunden eine erfolgreiche und langfristige Zusammenarbeit zu erzielen, bei der auch Sie sich wohlfühlen und in schlechten Zeiten nicht einen Bogen um Ihr Telefon machen müssen, weil aufgebrachte Kunden anrufen. Hierfür hilft es, mit dem Kunden gemeinsam gewisse Spielregeln aufzustellen. Egal ob Fonds oder Fondspolicen, Sie sollten mit dem Kunden Folgendes besprechen:

- Wie lange will er das Geld anlegen?
- Wie viel bzw. stark darf es im Depot schwanken? Hat der Kunde das Thema Schwankungen verstanden?

- Hat er den Unterschied zwischen Sicherheit und Garantie in der heutigen Zeit verstanden?
- Wie gestaltet sich die Kommunikation, wenn es mal schlecht läuft im Depot? Wer ruft wen an, was ist dann zu tun?
- Wie oft findet diese Kommunikation statt? Wer ruft wen an? Ein Kunde darf mich z. B. einmal pro Jahr anrufen. Das tut er beim Steuerberater auch.
- Was macht der Kunde im Fall, dass ein Mitbewerber das Konzept zerstören will?
- Sind die Erwartungen an die Hochs und Tiefs an den Märkten ausreichend erklärt?

Die Abstimmung über diese Fragen kann Bestandteil eines Protokolls sein. Mir geht es aber gar nicht um eine Mitschrift. Protokollieren tue ich, weil der Staat es von uns verlangt. Mir geht es aber vielmehr um eine erfüllte Partnerschaft mit meinem Kunden. Ich möchte ihn zufriedenstellen und eine solide, ausreichende Altersvorsorge für ihn aufbauen.

Mir geht es auch nicht darum, mich irgendwie über die Stornohaftungszeit zu retten. Das ist nicht mein Anspruch. Mein Anspruch ist es, nachhaltig etwas im Finanzmarkt zu verändern bzw. ihn dem Kunden näherzubringen. Die Finanzbranche und ihre Berater sind Menschen, die sich auskennen, denen man vertrauen kann – und, ja, die auch gutes Geld dabei verdienen.

III. Fallen und Risiken im Vertrieb

1. Die Vorbereitung auf Verkaufsgespräche

Wenn Sie sich nach der Lektüre der ersten zwei Kapitel für den Verkauf von fondsgebundenen Produkten als sinnvolle und notwendige Alternative zu klassischen Produkten entschieden haben, stellt sich die Frage: Wie kommen Sie an die geeigneten Interessenten heran? Und was erzählen Sie ihnen, damit am Ende des Tages auch für Sie selbst ein messbares Ergebnis herauskommt?

Der Verkaufsprozess bei der fondsgebundenen Altersvorsorge wird im nachfolgenden Kapitel detailliert beschrieben und Sie werden erfahren, worauf Sie achten sollten, was im Kundengespräch keinen Sinn ergibt und wie ich selbst in den letzten 15 Jahren mit einfachen Mitteln und zügig zum Abschluss gekommen bin. Dieses Kapitel aber beschäftigt sich zunächst mit all den Prozessen, die vor dem eigentlichen Verkaufsgespräch stattfinden.

Den Verkaufsprozess bereits im Vorfeld des konkreten Kundengesprächs anzusetzen, ist wichtig. Denn auch wenn ich oft Trainingsaufträge zu Letzterem erhalte, stelle ich immer wieder fest, dass die meisten Finanzberater nicht so große Probleme mit der Beratung an sich haben. Die meisten erzählen mir, dass sie, sitzen sie einmal bei einem Interessenten, genug Erfahrung und Tools zur Hand haben, um diesen zu überzeugen und zu einem Abschluss zu bewegen.

Inspiriert durch diese Gespräche, habe ich mich tiefer gehend auf die Suche nach den Ursachen mancher Erfolglosigkeit gemacht und mit vielen Versicherungsmaklern lange Gespräche geführt. Dabei kam ein erstaunliches Ergebnis zutage.

1.1. Niemand hört zu

Viele Verkaufstrainer spulen ihr Programm ab, berichten über ihre Erkenntnisse und geben ihr Wissen weiter. Daran ist grundsätzlich nichts auszusetzen, ich selbst habe vieles von diesen Trainern gelernt und umgesetzt. Gleichzeitig hören wenige genau hin und übersehen deswegen die relevanten Bedürfnisse. Damit wird an den tatsächlichen Problemen vorbei geschult.

Praxistipp

Eine Hauptkrankheit in der Kommunikation – vor allem unter Verkäufern – ist: Man hört einander nicht zu.

Genauso wenig hören aber auch viele Versicherungsmakler zu. Sie bemerken, dass der Kontostand zu wünschen übrig lässt oder dass die Kundenanzahl nicht für ein gutes Leben ausreicht. Dann suchen sie die Lösung in Verkaufsseminaren, in denen aber seit über 25 Jahren nichts Neues gelehrt wird.

Und auch bei mir wird bezüglich der Verkaufsprozesse nicht viel Neues zu lesen sein. Die fonds- und produktspezifischen Ansätze mögen unbekannt sein, weil sich der eine oder andere Leser damit noch nicht beschäftigt hat. Der springende Punkt aber ist: Psychologische oder taktische Herangehensweisen – seien es NLP, Verkaufspsychologie, Fragetechniken, Leitfäden oder all die anderen durchaus sinnvollen Methoden – nützen Ihnen nur, wenn Sie sie auch wirklich anwenden.

Erfahrungsbericht

Eine alte Großmutter hat mich einmal gefragt, ob Gemüse gesund sei. Als ich sie fragend anschaute und keine wirklich kluge Antwort wusste, fuhr sie fort: „Das kommt drauf an, man muss es auch essen". ◀

Genauso verhält es sich mit Verkaufstrainings. Sind diese sinnvoll und machen sie aus einem schlechten einen besseren Verkäufer? Wie immer im Leben, kommt es drauf an. Man muss die im Training vorgestellten Tools hinterher auch umsetzen.

1.2. Auf das Lernen folgt die Umsetzung

Es hilft also nicht, wenn Sie das 24. Seminar besuchen – aber das, was Ihnen dort beigebracht wird, nicht umsetzen. Zugegeben: Manch ein Trainer präsentiert Inhalte, die nur in der Theorie erdacht und praktisch nie erprobt wurden. Da können Sie auch nichts in der Praxis anwenden, den Seminarbesuch könnten Sie sich sparen. Die Erfahrung zeigt jedoch, dass es nicht an realitätsfremden Trainingsprogrammen liegt, wenn der Erfolg ausbleibt.

Nachfolgendes mag harsch klingen, entspringt aber meiner Erfahrung. In unzähligen Gesprächen mit Finanzberatern ist mir aufgefallen, dass viele einen Knopf suchen, den sie drücken müssen – und dann kommt der Umsatz wie von selbst. Wenn sie diesen Trick bei dem einen Trainer nicht lernen, dann eben bei einem anderen. Dabei bemerken sie dann, dass alle irgendwie dasselbe erzählen, und schieben ihren Misserfolg auf die Trainer.

Manche von diesen Trainern versuchen, um Aufmerksamkeit zu erregen und erfolgreich am Markt zu bleiben, die gleichen Themen in immer wieder neue Gewänder zu hüllen. Der Teilnehmer wiederum sitzt hoffnungsvoll in einem Training und stellt nach kurzer Zeit fest: „Mist, wieder nichts Neues".

Jeder geht seinen Weg, ohne zu fragen, ob es der richtige ist. Es ist wie Fahren im Nebel: Man weiß nie, wo man ist und wohin die Reise führt. Voraussichtlich nicht zu einem erfolgreichen Kundengespräch.

1.3. Das Büro organisieren und Interessenten gewinnen

Die Hürde, die ein erfolgreicher Vermittler nehmen muss, ist heute nicht mehr das klassische Verkaufsgespräch. Der eigentliche Engpass tut sich in der heutigen Zeit in zwei Bereichen auf.

Zum einen ist dies die fehlende Struktur, die ein typisches unorganisiertes Maklerbüro kennzeichnet. Und damit meine ich nicht einen aufgeräumten Schreibtisch, sondern wie Arbeitsprozesse definiert sind, systematisiert werden oder sogar automatisiert ablaufen. Zum anderen mangelt es im Bereich der klassischen Interessentengewinnung – ein Begriff, den ich erst vor einigen Jahren wirklich verstanden habe.

Wenn ich Makler frage, wie sie organisiert sind bzw. wie ihr Akquise-Prozess und ihre Interessentengewinnung funktionieren, begegnet man mir mit Schulterzucken oder Unverständnis. Nach dem Motto: Wozu brauche ich so etwas überhaupt?

Es folgt dann oft die Anfrage, wie man seine Abschlussquote von beispielweise 60 Prozent auf 90 Prozent oder gar 100 Prozent erhöhen kann. Welche Tricks es denn gebe, den Kunden gezielt dazu zu bringen, zu unterschreiben. Und das möglichst schnell. Einmal davon abgesehen, dass solche Ideen unseriös sind: Es gibt Menschen, die sich einfach nicht für meine Dienstleistung interessieren. Es gilt also, im ersten Schritt überhaupt Interessenten zu finden und dann diejenigen, die ein tatsächliches Interesse haben, in einem Verkaufsgespräch als Kunden zu gewinnen.

2. Entwickeln Sie Ihren eigenen Prozess

Der Prozess, mit dem sich der Vermittler beschäftigen sollte, hat seinen Anfangspunkt weit vor dem eigentlichen Verkaufsgespräch. Vielleicht muss auch der Schwerpunkt seiner Tätigkeit auf einen anderen Fokus gerichtet werden.

Hier genau liegt der große Vorteil, wenn man zuhört. Man erfährt, was die Zielgruppe will. Die Personen, die mit mir gesprochen haben, verfügen in erster Linie über zu wenig Kontakte, mit denen sie ins Gespräch kommen können. Gleichzeitig fehlt ihnen die Idee, wie sie ihr Unternehmen so strukturieren, dass sie funktionierende Prozesse entwickeln und diese automatisieren können.

Eines der größten Geschenke, die ich während meiner Tätigkeit für einen Strukturvertrieb bekommen habe, war sicherlich dies: das strukturierte Arbeiten und Prozesse, die funktionieren, auszubauen und regelmäßig anzuwenden.

Ein Prozess, den ein selbstständiger Verkäufer zur erfolgreichen Organisation seiner Tätigkeit entwickelt, sollte einen geregelten Vorgang etablieren und aus mehreren Schritten zusammengesetzt sein. Sie reichen von der Vorbereitung über das eigentliche Verkaufsgespräch bis hin zur laufenden Kundenbetreuung.

Verkaufsprozesse

Beispiel für einen definierten Prozess

- Vision / Ziel: Warum machen Sie das alles?
- Alleinstellungsmerkmal: Wo sind Sie einzigartig und warum soll der Kunde bei genau Ihnen kaufen?
- Sichtbarkeit: Wie werden Sie in der Öffentlichkeit wahrgenommen?
- Zielgruppe: Wen wollen Sie ansprechen?
- Interessentengewinnung: Wie wollen Sie ansprechen?
- Empfehlungen: Wie holen Sie bei wem Empfehlungen ein?
- Verkauf: Der krönende Umsatz.
- Betreuung: Fondskunden müssen betreut werden.
- Optimierung: Kontinuierliche, konstruktive Überprüfung der Kundenverhältnisse.

Die Aufstellung lässt erkennen, dass das eigentliche Verkaufsgespräch in einen ganzen Prozess eingebettet ist. Wenn man das Gespräch perfekt beherrscht, der ganze Rest aber nicht funktioniert oder ausfällt, wird man auch relativ wenig Erfolg haben. Die einzelnen Bausteine müssen wie ein Puzzle zusammenpassen.[5]

2.1. Ihre Vision

Viele Vermittler können es vielleicht nicht mehr hören, wenn jemand ihnen etwas über Ziele und Visionen erzählen möchte. Ich werde es trotzdem tun. Denn jahrelang habe ich mich schwer getan mit der Thematik. Und als ich mich damit beschäftigt habe, ging meine Karriere steil nach oben.

Stellen Sie sich vor, Sie geben in Ihr Navigationssystem ein: Fahre mich spazieren. Es wird vermutlich nichts passieren. Genauso verhält es sich in Ihrem Geschäft. Wenn Sie schon nicht wissen, wohin Sie gelangen wollen, wie soll dann der Kunde Sie finden bzw. sich sicher sein, dass Sie der Richtige für seine Angelegenheiten sind? Deshalb ist es wichtig, sich regelmäßig hinzusetzen, um sich Gedanken über seine Ziele zu machen.

Im Network wurde mir zu Beginn meiner beruflichen Laufbahn gelehrt, dass es darum ginge, möglichst hohe materielle Ziele anzustreben. Als Motivation, damit man auch Lust hat, hart und viel zu arbeiten, um diese Vorsätze zu erreichen.

Heute sehe ich das anders. Es ist wichtig, dass Sie ein Ziel, eine unternehmerische Vision entwickeln, die Sie in Ihrer Arbeit so inspiriert, dass Sie morgens gut gelaunt aufstehen und vor allem auch dann weiter machen, wenn das eine odere andere Mal Schwierigkeiten auftreten. Zur Veranschaulichung wird auf der nachfolgenden Seite die von mir gefasste Vision präsentiert.

---

5 Da ich der Meinung bin, dass man die hier beschriebenen Prozesse nur schwer ohne fremde Hilfe aufstellen kann, beschränke ich mich an dieser Stelle auf die Grundlagen, die erklären, wie die einzelnen erwähnten Punkte in ein Unternehmen integriert werden können. Jedem, der mehr lesen will, sei das Buch „Der 4-Tage-Firmenscan“ des Unternehmensberaters Jochen Sommer empfohlen. Er hat ein eigenes Konzept zur Entdeckung von Fehlern und Potenzialen eines Betriebes entwickelt.

Eine Vision für den Verkauf

Kerzinger Trainings als Beispiel:

Ein gut funktionierender Verkauf trägt ganz allgemein in allen Wirtschaftszweigen dazu bei, dass sich die Beziehungen zwischen den Herstellern und ihren Kunden positiv entwickeln.

Da sich dauerhaft nur hervorragende Produkte verkaufen lassen, kommt dem Verkauf die wesentliche Schlüsselposition in der Kundenkommunikation zu.

Es ist eine Möglichkeit, gute Produkte an geeignete Kunden weiterzugeben, die dann wiederum durch die gute Beziehung und das ständige Feedback dazu beitragen, dass sich die Produkte verbessern und weiter verbreiten.

Dies führt zu zwei Entwicklungsspiralen: Die Produkte werden immer besser und die Beziehung zum Kunden vertieft sich immer mehr.

Das führt zu einem doppelten Effekt – die sogenannte Verkaufsevolutionsspirale. Mit dieser ergibt sich für die Unternehmen ein unschlagbarer Wettbewerbsvorteil, welcher in der heutigen Zeit weder durch immer mehr Verkaufen, noch durch ein besseres Marketing erreicht werden kann.

Kerzinger Trainings ist Antrieb und Motor für diese Evolution. Mit unseren Trainings sorgen wir dafür, dass Anbieter, Kunden und Produkte ihr volles Potenzial entfalten und sich kontinuierlich weiterentwickeln, um auch in Märkten zu bestehen, die ständigen Veränderungen unterworfen sind.

Damit schaffen wir die Basis für die Entwicklung einer Gesellschaft, für die nur das Beste gut genug ist!

Wenn Ihnen das Beispiel gefällt, dürfen Sie es gerne benutzen. Eine Idee oder Vision kann Sie ohnehin nur motivieren, wenn sie zu Ihnen passt und Sie sich damit identifizieren. Es kann aber eine Hilfe sein, sich ein Beispiel zu nehmen, daran zu arbeiten und es zu verändern, bis die Idee zu 100 Prozent zur eigenen geworden ist.

Eine Vision, so wie ich sie verstehe, hat weniger mit dem Thema zu tun, möglichst viele materielle Güter für sich selbst anzusammeln. Ich verstehe unter einer Vision eine Daseinsberechtigung für Ihr Unternehmen. Es ist ein großes Ziel, dass der Allgemeinheit dient.

Die Vision verbessert ein Stück weit die Welt, die man betreten hat. Unternehmerische Visionen machen einen kleinen, aber für den einzelnen gravierenden Unterschied aus. Der Erfolg kommt, nachdem man sie verinnerlicht hat, fast automatisch.

Zum Ziel gehört auch immer eine spezielle Thematik. So bin ich beispielsweise selbst angetreten, das Finanzsystem in Deutschland zu verbessern (verzeihen Sie bitte die etwas hochtrabende Formulierung) und den Menschen eine langfristig funktionierende Altersvorsorge anzubieten.

Da sich die Produktwelt kontinuierlich ändert, muss und will ich in diesem Bereich flexibel bleiben, da sich bei einer sich wandelnden Produktwelt auch mein Angebot für Neu- und Altkunden ändert. Es geht mir primär eben nicht darum, möglichst viele Fonds oder Fondspolicen zu verkaufen. Es geht mir darum, Menschen einen soliden Lebensabend zu ermöglichen.

Praxistipp

Nehmen Sie sich einen Tag frei, schalten Sie Ihr Handy aus und fahren Sie an einen ruhigen Ort. Am besten in der freien Natur. Dort gehen Sie in sich und prüfen, was und warum Sie Ihren Job gern tun möchten.

Neben dieser Klärung zu Ihrer geschäftlichen Vision ist es hilfreich, sich über weiterführende Prioritäten klar zu werden. Was macht Ihnen Spaß, was keinen? Oder was verschafft Ihnen freie Zeit und was kostet Sie zu viel Ihrer Zeit?

Unternehmerische Visionen und Ziele können sich im Laufe der Zeit ändern, sie sind nicht in Stein gemeißelt. Man sollte sich einmal im Jahr zurückziehen und seine gesamten Tätigkeiten überprüfen (siehe Abschnitt III.2.9. Kontinuierliche Optimierung).

Eine Vision hilft Ihnen auch, wieder richtig stolz auf sich und Ihren Beruf zu sein. Zu viele Finanzberater machen ihren Job nur deshalb, weil sie nichts anderes können oder da „hineingerutscht" sind. Anschließend schaffen sie es nicht, aus dem Job wieder herauszukommen.

Sollte das auch bei Ihnen so sein, dann wird es Zeit, etwas zu ändern. Den Job oder Ihre Einstellung dazu. Überlegen Sie intensiv, welchen Unterschied Sie im Finanzleben Ihrer Kunden ausmachen wollen. Und je stärker Sie davon überzeugt sind, dass Sie wichtig für die Menschheit sind, desto mehr Spaß werden Sie an Ihrer Tätigkeit haben, desto mehr Selbstvertrauen werden Sie ausstrahlen und desto mehr Kunden werden auf Sie zukommen, eben weil Sie anziehend wirken.

Wie schon vorher erwähnt, hat der Mensch eine Schwäche für die Stärke. Strahlen Sie das aus, werden Menschen gerne und zahlreich bei Ihnen Kunde werden wollen. Ob Sie diese Auseinandersetzung mit sich selbst Vision, Ausrichtung, Positionierung oder mentales Training nennen, ist mir ziemlich egal. Nur machen sollten Sie es.

Wie können Sie eine Vision formulieren? Dafür habe ich Ihnen einige Fragen vorbereitet, die Sie sich in einer stillen Stunde immer wieder stellen können (siehe die auf der nachfolgenden Seite).

Im Anschluss an Ihre Lektüre können Sie Ihre neu entwickelte Vision testen. Ob sie kraftvoll ist und ob Sie selbst auch einem Widerstand standhalten können.

Treffen Sie sich mit zwei Freunden und bitten Sie diese, Ihnen kurz zuzuhören. Dann, wenn Sie Ihre Vision vorgestellt haben, dürfen die beiden Sie mit allerlei Kritik, Warnungen und sonstigen Einwänden konfrontieren. Können Sie dem standhalten? Und wenn ja, hat es Ihre beiden Freunde überzeugt? Wenn beides gelingt, verspreche ich Ihnen, werden Sie eine Menge mehr Menschen allein schon aufgrund dieser Vorbereitung anziehen.

Wie lautet Ihre Vision?

Fragen, die Sie sich stellen sollten:

- Schreiben Sie auf, wie Ihr Unternehmen das Leben Ihrer Kunden positiv beeinflussen wird. Worauf können Kunden nach Ihrer Arbeit stolz, womit zufrieden oder begeistert sein oder wem entspannt entgegensehen?
- Für was stehen Sie? Ich stehe für ehrlichen Verkauf. Dazu gibt es sogar ein eigenes Buch. Andere stehen für transparente Geldanlagen etc.
- Wie steigern Sie die Lebensqualität Ihrer Kunden? Und wenn das alle Menschen in Deutschland umsetzen würden, wie würde sich die Gesellschaft verändern?
- Motiviert Sie diese Überlegung? Prüfen Sie, ob Sie das so motiviert, dass Sie auch an einem verregneten Tag mit einem Zehn-Prozent-Minus an den Börsen aufstehen würden, weil die Welt Sie braucht.

2.2. Das Alleinstellungsmerkmal (oder warum bei Ihnen?)

Bei Fragen zum Alleinstellungsmerkmal sollte stets ein bestimmter Blickwinkel vorgegeben sein. Alles, das in diesem Bereich erarbeitet wird – völlig egal, ob man es explizit nach außen kommuniziert oder für sich behält und nur durch sein Auftreten demonstriert – muss auf den Nutzen des Kunden fokussiert sein.

Sie als Vermittler fühlen sich besser und die Gespräche laufen anders, wenn Sie sich nicht darauf fokussieren, wie viel Geld Sie verdienen, wie viele Kunden Sie gewinnen oder welche Produkte dieses Jahr verkauft werden müssen. Ihr Gegenüber spürt es, wenn Sie ausschließlich seinen Vorteil im Auge haben und auch bereit sind, ein Produkt nicht zu verkaufen, wenn es nicht passt.

Wenn Sie alle Ihnen wichtigen Punkte zusammengetragen – Ihre Vorteile, Ihre Ziele und Vorgehensweise erarbeitet haben, alles, das Sie können und alles Besondere, das Sie dem Kunden bieten – entsteht am Ende ein Konzept oder Gesamtpaket, das nur Sie anbieten. Das nennen wir dann das Alleinstellungsmerkmal.

Dieses Merkmal kann durchaus aus einem einzelnen Argument bestehen, das nur Sie auszeichnet. Unter der Marke die Bayerische wird beispielsweise eine „Plusrente" angeboten, bei der nach einem Payback-System bei Online-Käufen ab einem bestimmten Wert Prozent-Anteile der Einkaufssumme in Euro in der Altersvorsorge angelegt werden.

Die meisten Gesellschaften und auch Finanzdienstleister verfügen jedoch über kein derartiges Produkt, das alleine sie auszeichnet. Das Mindeste ist deshalb, sich Gedanken darüber zu machen, welches Gesamtkonzept für einen selbst spricht. Denn das macht den Vermittler wiederum einzigartig.

Sie müssen keineswegs frustriert sein, wenn Sie nichts vorweisen, das nur Sie allein auf der ganzen Welt richtig beherrschen. Deshalb ist auch das Gesamtpaket so wichtig bzw. etwas zusammenzustellen, das nur Sie in dieser Art Ihren Kunden versprechen.

Warum dies so wichtig ist? Im ersten Kapitel wurde geschildert, dass ein Kunde in der heutigen Zeit bei zigtausenden Finanzberatern das gleiche Produkt kaufen kann. Warum soll er es bei Ihnen kaufen und nicht bei Ihrem Nachbar? Wenn Sie sich nicht klar darüber sind, was Sie können, warum Sie gut sind und warum der Kunde bei Ihnen kaufen sollte, wie kann es dann der Kunde herausfinden?

Bedenken Sie bitte, ein Alleinstellungsmerkmal erarbeiten sich alle großen Unternehmen für ihre Kommunikation. Wenn sie über keines verfügen, dann lassen sie es von Werbeagenturen erstellen. Wenn also die großen Betriebe eine Beschäftigung mit dem Thema für sinnvoll erachten, wieso glauben dann viele Einzelunternehmer, dass sie es nicht nötig haben?

Schreiben Sie zehn Punkte dazu auf, warum der Kunde bei Ihnen kaufen soll, und lassen Sie dabei alles aus, das auch unzählige andere Berater sagen würden. In meinen Trainings, wenn solche Übungen an der Reihe sind, höre ich z. B. immer wieder das Wort Unabhängigkeit. Da das alle für sich in Anspruch nehmen, hat diese Botschaft keine Wirkung beim Endverbraucher. Viel wichtiger sind u. a. Ihre:

- Erfahrung,
- Kundenanzahl,
- Zufriedenheitsgarantie,
- Schnelligkeit im Service,
- Qualität in der Schadensabwicklung,
- messbaren Erfolge.
- Zudem ist wichtig, wie viel Geld Sie Kunden schon gebracht haben,
- wie sicher Ihre Beratung ist oder
- wie viel Know-how Sie haben.

Sollte Ihnen nicht ausreichend klar sein, was Sie auszeichnet, dann rufen Sie zehn zufriedene Kunden an. Fragen Sie diese, was sie an Ihnen schätzen und warum sie zu Ihren Kunden geworden sind. Dabei können Sie gleich zwei Dinge bewerkstelligen:

Erstens erhalten Sie ein Feedback zu Ihren Vorzügen, auch bekommen Sie Gründe genannt, warum sich die Zusammenarbeit mit Ihnen lohnt. Zweitens sollten Sie diese Kunden im Anschluss bitten, ihre Einschätzung schriftlich zu formulieren. Sie haben dann eine Referenz, die mit Erlaubnis des Kunden auf Ihrer Webseite veröffentlicht werden kann.

Erfahrungsbericht

Ich habe einmal auf diese Frage folgende Antworten erhalten: „Du hast meine Rente gerettet“, „Du bist immer da, wenn ich dich brauche“, „Du rufst immer superschnell zurück“, „Du baust keinen Kaufdruck auf, du lässt die Menschen in Ruhe ihre Entscheidungen treffen“, „Du hast auf alle Fragen die richtige Antwort“, „Du hast als Erster die Fragen so beantwortet, dass ich die Thematik auch verstanden habe“. ◀

Voraussichtlich werden Sie, wenn Sie Ihre Kunden nach deren Einschätzung fragen, ähnliche Antworten bekommen. Darauf aufbauend können Sie sich eine Positionierung und ein Gesamtpaket erarbeiten, die beide Lust machen, sich von Ihnen beraten zu lassen. Beide sollen Sicherheit geben und Vertrauen schaffen.

► Weg der Spezialisierung

Michael Jeinsen, ein spannender Makler aus Berlin,[6] hat sich auf Apotheken spezialisiert und bietet seiner Zielgruppe eine Garantie bei Einbruch an. Das Problem, das seine Kunden haben: Wenn in Apotheken eingebrochen wird, müssen Aptoheker so lange in ihrem Geschäft bleiben, bis die zu Bruch gegangene Scheibe oder die ausgehebelte Tür wieder in Ordnung sind.

Zudem müssen Apotheker Medikamente vor einem möglichen öffentlichen Zugriff schützen. Bricht jetzt nachts jemand ein, muss der Apotheker daher umgehend in seine Apotheke eilen und das Problem lösen.

Jetzt kommt Herr Jeinsen und garantiert seinen Kunden, dass er ihr Problem innerhalb von zwei Stunden nach Anruf bei ihnen lösen wird. D. h., der Apotheker kann wieder nach Hause. Wie kann der Makler das garantieren? Er hat mit Handwerkern, die kommen, um Tür oder Fenster zu reparieren bzw. auszutauschen, Verträge geschlossen.

Für den Fall, dass die Reparatur nicht umgehend funktionieren kann, weil ein benötigtes Produkt nicht greifbar ist, hat Michael Jeinsen zusätzlich einen Wachdienst an der Hinterhand, der dann kommt und sich um die Apotheke kümmert. Wenn Sie Apotheker in Berlin wären, würden Sie zu einem normalen Makler oder zu Michael Jeinsen gehen?

Makler Jeinsen hat sogar ein Buch zu diesem Thema geschrieben und im VersicherungsJournal-Verlag veröffentlicht.[7] Das heißt, Sie

6 Siehe www.pharmassec-berlin.de/.

7 Siehe www.versicherungsjournal.de/buch/zielgruppenanalyse-apotheker-2-neu-bearbeitete-erweiterte-auflage-371.php.

können dieses Fach- und Erfahrungswissen nachlesen und auch für sich selbst umsetzen.

Würden jetzt 50 Makler dieses Konzept umsetzen, wäre es klassisch gesehen kein Alleinstellungsmerkmal mehr. Ist das aber wichtig? Nein. Mir ist es völlig egal, wie eine Idee wissenschaftlich oder strategisch definiert ist. Wenn sie dabei hilft, dem Kunden etwas Gutes zu tun, und ich mich damit von den anderen in meiner Umgebung abheben kann, habe ich mein Ziel erreicht.

Auch in Zusammenhang mit zusätzlichem Service können Sie sich ein paar Fragen stellen, um Ihr Versprechen und Ihr Gesamtpaket klarer herausarbeiten zu können.

Ihr Kundenversprechen

Arbeiten Sie Ihr Gesamtkonzept klar heraus:

- Notieren Sie die derzeitigen Probleme, mit denen Ihre Kunden zu kämpfen haben. Was läuft Ihrer Meinung nach nicht richtig?
- Wie können Sie das lösen, was sind Ihrer Meinung nach die notwendigen Schritte, die getan werden müssen?
- Was schmerzt Sie in Ihrer Branche? Was möchten Sie von ganzem Herzen verändern und wie können Sie dies umsetzen?
- Was würden Sie komplett anders machen als viele andere Kollegen?

2.3. Zur Sichtbarkeit des Vermittlers

Wie erfahren Menschen, wer Sie sind, wie Sie arbeiten und warum sie bei Ihnen Kunde werden sollten? Klar, Sie selbst erzählen es ihnen oder noch fremde Menschen erfahren es von Ihren bestehenden Kunden. Doch das reicht nicht mehr, wir leben in einer Zeit des Internets und Menschen glauben das, was dort steht. Gleichzeitig ist das, was im Internet nicht vorhanden ist, auch in den Köpfen der Menschen nicht vorhanden.

Sollte Ihre Zielgruppe nicht aus über siebzigjährigen Rentnern bestehen, müssen Sie eine gewisse Sichtbarkeit in den neuen Medien zeigen. Dieses Umfeld bietet übrigens auch eine gute Gelegenheit, Ihre Vision, Ihr Alleinstellungsmerkmal oder Ihre Zielgruppe zu präsentieren.

Betrachten Sie einmal das Internet und die Finanzwelt durch die Kundenbrille und überlegen Sie, wie Sie sich selbst als Finanzberater einschätzen würden. Gehen Sie mit dieser Brille auch durch Ihr Büro. Was sieht ein Kunde? Sie können davon ausgehen: Er sieht alles. Vor allem das, was Sie ihn nicht sehen lassen wollen.

Man muss kein Freund der sozialen Netzwerke wie Facebook, Xing, LinkedIn oder von WhatsApp, Snapchat sowie Instagram sein. Sie funktionieren aber wie eine Art Visitenkarte und bieten die Möglichkeit, Kontakte zu generieren. Ein zukünftiger Kunde sollte erfahren, wer der Vermittler ist, was er tut, welche Probleme er lösen kann und ob der Interessent überhaupt zu der Zielgruppe gehört, die gesucht wird.

Direkt auf meiner Startseite meiner Online-Präsenz steht eine Aussage zu meiner Positionierung. Dort erfährt der Besucher sinngemäß, dass meine Kunden Selbstständige, Führungskräfte und Verkäufer sind, die aktiv auf Menschen zugehen.

Ich wäre der falsche Ansprechpartner, wenn es darum geht, Menschen, die in einer Boutique arbeiten, beizubringen, wie man Kunden gewinnt. Theoretisch könnte ich das. Ich will aber Menschen ansprechen, die das Thema Akquise aktiv steuern können, wollen und müssen.

Das sieht der Interessent in meiner Präsentation sofort; er kann sich überlegen: Gehöre ich zur skizzierten Zielgruppe oder bin ich fehl am Platz? Derjenige, der dazugehört, spürt, dass ich für ihn genau der Richtige bin. Natürlich darf auch derjenige Besucher der

Webseite, der nicht direkt angesprochen ist, hinzukommen wollen. Niemand wird aus meinen Trainings hinausgeworfen. Außer ich erfahre, dass er Menschen „über den Tisch zieht".

Insbesondere im Bereich der Kaltakquise suchen Interessenten in der Regel mehrere Berater auf und vergleichen anschließend deren Profil. Ein gut sichtbares Profil und eine klar definierte Positionierung werden mehr Vertrauen erzeugen, als wenn man nichts über die ausgewählten Kandidaten findet.

Deshalb muss auch eine Porträtaufnahme von Ihnen auf der Webseite zu sehen sein. Sich im wahrsten Sinne des Wortes ein Bild machen zu können, schafft mehr Vertrauen als keine Webseite zu haben oder eine, bei der keinerlei Emotion, Verbindung oder Nähe zu Ihnen aufgebaut werden kann.

Alles, das Sie über sich öffentlich formulieren und preisgeben, sollte dem Außenstehenden die nachfolgenden Fragen beantworten. Überprüfen Sie alles, was Sie bereits geschrieben haben oder noch schreiben wollen, auf diese Fragen hin.

Definieren Sie Ihr Profil

Ihre Positionierung beantwortet die Fragen:

- Was bietet Ihre Firma für welche Zielgruppe an?
- Welche Leistungen erbringen Sie genau?
- Was ist das Besondere an Ihrem Unternehmen?
- Warum soll sich jemand für Ihre Firma und Ihre Angebote entscheiden?
- Welchen Grund gibt es dafür, dass sich jemand jetzt mit Ihrem Unternehmen in Verbindung setzt?
- Wer ist der Ansprechpartner beziehungsweise der Experte des Unternehmens?
- Ist das Unternehmen glaubwürdig?

Erfahrungsbericht

Als ich bei einem meiner Akquisetage einen Anruf tätigte und mir eine äußerst unfreundliche Stimme entgegenkam, konnte ich hören, dass diese Person, während sie mir immer wieder sagte, dass sie nichts bräuchte, hörbar auf die Tastatur eines Computers tippte. Nach ein paar Sekunden wurde die Stimme, ruhiger, freundlicher. Die Person gab mir die Gelegenheit, mich mit ihr zusammenzusetzen.

Als wir später geschäftlich zusammenkamen und begannen, uns wirklich gut zu verstehen, fragte ich, was denn während des Telefonats zu einer Meinungsänderung geführt habe.

Der Kunde erzählte mir schmunzelnd, dass er während des Gesprächs nach mir „gegoogelt" hatte, mein Profil bei Who finance gesehen und die dort befindlichen sehr positiven Referenzen gelesen habe. Das hatte ihn überzeugt, mir doch eine Chance zu geben.

Die meisten Menschen würden so etwas nicht derart erzählen. Die Mehrheit der Makler fragt diese Menschen aber auch nicht. Und dennoch werden sie gescannt. Wenn ein Makler im Netz nicht auftaucht, hat er es also deutlich schwerer, sich im Akquisegespräch „zu verkaufen".

Übrigens: Selbst, wenn mich jemand empfiehlt und ich daher einen Vertrauensvorschuss durch den Empfehlunsgegeber habe, schauen mir noch unbekannte Menschen zuerst auf meine Webseite. Daher ist es sehr wichtig, dass Sie Ihre Kunden um eine Einschätzung Ihrer Arbeit bitten und diese Aussage öffentlich machen.

Wie kommen Sie nun wieder an eine schriftliche Stellungnahme von Ihren Kunden? Eine Hilfe dazu finden Sie auf meiner Webseite unter www.udokerzinger.de/geschenk. Dort ist unter „Referenzschreiben" ein Musterformular hinterlegt, mit dem Sie Ihre Kunden ansprechen können.

Wichtig bei dieser Vorlage ist: Ihr Kunde muss nichts über seine getätigten Geldanlagen preisgeben. Denn das der allererste Einwand, der mir präsentiert wird, wenn es darum geht, warum ein Makler keine Referenzen von seinen Kunden erhält. Diese würden nicht mit ihren persönlichen Belangen genannt werden wollen.

Es gibt jedoch zum Glück genug positive Beispiele, die zeigen, dass sogar der Bäcker aus einem kleinen Dorf zustimmt, wenn er auf der Webseite seines Beraters als Kunde genannt werden kann. Und gleichzeitig ist es tatsächlich zutreffend, dass bestimmte Kunden nicht namentlich erkennbar sein wollen.

Bei mir im Trainingsbereich gibt es sogar große Versicherer, die ich bereits geschult habe, die aber nicht als Referenz genannt werden wollen – auch wenn sie mit meiner Arbeit sehr zufrieden waren. Viele andere wiederum würden dies durchaus zulassen. Sie als Vermittler müssen nur danach fragen.

Noch ein Hinweis: Weniger klug finde ich es, wenn alle Referenzen nur mit den Initialen gekennzeichnet werden, z. B. mit „U. K.“. Selbst wenn es sich um eine echte Referenz handelt, gibt es immer den Beigeschmack, dass sie gefälscht sein könnte.

2.4. Zielgruppe und Spezialisierung

Genauso, wie man sich darüber klar sein sollte, was man darstellt, sollte man auch wissen, wen man erreichen will.

Viele Makler erzählen mir, wenn ich nach ihrer Zielgruppe und ihrem Arbeitsschwerpunkt frage, dass sie alles machen würden und ihre Zielgruppe der lebende Mensch sei. Vielleicht steckt die Angst dahinter, dass man, wird das Feld zu klein abgesteckt, nicht genug Kunden findet.

Dieser Eindruck mag im ersten Moment erweckt werden. Überlegen Sie sich jedoch, ob Sie selbst bei jemandem Kunde sein möchten, der alles für alle macht. Welche Kompetenzvermutung würde ein solcher Vermittler bei Ihnen erwecken?

Der Markt für Finanzberatung ist so komplex geworden, dass wir als Makler uns, ähnlich wie Rechtsanwälte, spezialisieren und gegenseitig ergänzen müssen. So habe ich mich beispielsweise auf Fonds als Einmalanlage fokussiert sowie auf die Altersvorsorge im fondsgebundenen Versicherungsbereich.

Sobald ein Kunde etwas anderes möchte – eine Absicherung im Bereich der betrieblichen Altersversorgung, einen Berufsunfähigkeitsschutz, eine private Krankenversicherung, Baufinanzierung oder Absicherung im Sachgeschäft – leite ich den Kunden an einen Partner weiter. Dieser berät den Kunden in diesem Bereich und wir teilen uns nach einem abgesprochenen Schlüssel die Provision. Ich verdiene Geld mit meinem Netzwerk und habe dabei weder in Haftung noch in Zeit investiert.

Gleichzeitig leiten Sach-Makler Interessenten, die Fonds kaufen wollen, an mich weiter. Makler, die keine Erlaubnis nach § 34f der Gewerbeordnung haben, werden als Tippgeber angedockt und können dann die Depots ihrer Kunden übertragen. Ich hafte dann dafür, berate die Kunden in diesem Bereich der Einmalanlage und der Versicherungsmakler wiederum bekommt eine regelmäßige Tippgeber-Provision, ohne sich genauer auskennen oder Zeit investieren zu müssen.

Das heißt, auf der einen Seite sollten Sie sich in Bezug auf Produkte spezialisieren und nicht alles selbst machen wollen (was zudem in der Zukunft wohl unmöglich sein wird). Auf der anderen Seite sollten Sie sich auch klar werden, wer Ihre Zielgruppe ist und wo sie diese finden.

Meine Zielgruppe als Trainer im Bereich der Finanzbranche besteht aus Versicherungsmaklern nach § 34d GewO, die noch wenig bis gar keine Erfahrungen im Fondsbereich gemacht haben oder diesen Bereich mehr und effektiver gestalten wollen. Diese trainiere ich im Bereich der Themen dieses Buches und gewinne einige von ihnen als Tippgeber für die Einmalanlage. Wo finde ich sie? Indem ich hauptsächlich bei Pools und Versicherern Trainings durchführe und im Anschluss einen gewissen Prozentsatz als weitere Kunden gewinne.

Welche Zielgruppe ist Ihre? Sind es junge Leute, Menschen über 50 Jahre, Frauen, Unternehmer, Menschen mit einem Sparbeitrag ab 500 Euro, Akademiker, Handwerker oder ähnliche Gruppen?

So teilen die meisten Menschen wie auch Fach- und Ratgeberbücher ihre Zielgruppen ein. Finden Sie eine Gruppe, die Ihnen ausreichend groß erscheint, und spezialisieren Sie sich auf diese. Sollte Ihre Zielgruppe allerdings aus allen 20-Jährigen in Fulda bestehen, die Paul heißen, könnte es eng werden.

Ein Interessent aus der gewählten Zielgruppe muss den Eindruck gewinnen, dass genau er gemeint ist. Er muss ein Statement zum Beratungsangebot auf einer Webseite oder in Flyern lesen und wissen: „Aha, da gehöre ich dazu". Wenn nicht, muss seine Anfrage ja nicht direkt abgelehnt werden.

Ein Makler nach § 34f GewO, der seit 25 Jahren ausschließlich Fonds verkauft, wird von mir auch nicht vergrault. Einige davon saßen bereits in meinen Trainings. Sie fanden diese gut und gewinnbringend. Das ehrt und freut mich dann, dass ich auch diesen Experten etwas von meinem Wissen, das ihnen nützt, weitergeben kann. Gleichzeitig jedoch ist es nicht die Zielgruppe, die ich direkt und bevorzugt anspreche.

Ein anderes Beispiel: Wenn zu Ihrer Zielgruppe Menschen im Alter von über 50 Jahren gehören, nutzen Sie eine gewisse Ansprache. Sie hören sich deren Probleme und Wünsche an und richten Ihre Webseite und Flyer, Ihr Produkt usw. nach dieser Gruppe aus. Sollte ein 30-Jähriger sich dazwischen mogeln, können Sie ihn trotzdem beraten.

Ein komplett anderer Ansatz wird gewählt, wenn man die Zielgruppe nach weichen Faktoren beschreibt. Beispielsweise nette Menschen oder höfliche Personen; Menschen, die ein gewisses Verständnis für Geld haben; Menschen, die eine Beratung wertschätzen und auch bereit sind, Geld dafür zu bezahlen. Auch bei dieser Entscheidung wird Ihre Ansprache jeweils andersartig sein.

Martin Eberhardt aus Augsburg, ein Fondsmakler, der mich immer wieder inspiriert, hat als Zielgruppe eine ganz einfache Definition: Menschen, die sich für Geld interessieren.

Dementsprechend ist auch seine Ansprache bzw. sein sogenannter Elevator Pitch (das meint eine 30-Sekunden-Präsentation). Wenn Menschen ihn fragen, was er beruflich macht, fragt er zurück:

„Interessiert Sie das Thema Geld?". Heißt die Antwort „ja", geht das Gespräch weiter. Wenn „nein", wird das Gespräch beendet. Bei dem „Ja" wird somit aus einem Kontakt ein Interessent.

Die Möglichkeiten, Leute kennenzulernen, sind vielfältig. Beim Unternehmerstammtisch oder über Netzwerke, bei Straßenfesten, Vereinen oder auf Festen bei Freunden ergibt sich immer wieder die Gelegenheit, seine Zielgruppe zu finden, entsprechend zu filtern und bei Interesse weitere Schritte zu unternehmen. Nur muss die Zielgruppe klar umrissen sein.

Sie könnten auf Ihre Webseite oder Flyer z. B. schreiben, dass sich Ihre Beratung an Menschen richtet, die eine hoch qualitative Finanzberatung wertschätzen und gerne dafür bezahlen. So können Sie auch leichter Honorare durchsetzen und sparen eine Menge Zeit, weil sich weniger von denjenigen, die nur Know-how abschöpfen wollen, bei Ihnen melden werden.

Sollten Sie jetzt Bedenken haben, dass hiernach weniger Menschen auf Sie zukommen, dann seien Sie beruhigt. Denn die Interessenten, die Sie ansprechen werden, sind genau diejenigen, bei denen Sie sonst zu 90 Prozent keinen Abschluss gemacht hätten. Je klarer Sie Ihr Profil zeichnen, umso mehr werden Sie gewinnen.

2.5. Interessenten gewinnen

Dass in der heutigen Zeit die Interessentengewinnung den eigentlichen Engpass vor einem erfolgreichen Abschluss darstellt und nicht das Verkaufsgespräch, wurde weiter oben bereits beschrieben. Um Interessenten herauszufiltern, ist es wichtig, sich klarzuwerden, ab wann jemand ein Interessent ist.

Zunächst gilt es, über verschiedene Kanäle so viele Menschen wie möglich zu erreichen, um aus diesen Kontakten Interessenten zu machen. Online-Newsletter-Systeme basieren auf einem solchen Konzept der breiten, allgemeinen Ansprache. Man trägt sich auf einer Webseite für einen Newsletter ein und dies aus einem Grund: Man interessiert sich für das Thema. Schon wird man in eine Verteilerliste aufgenommen und wird in regelmäßigen Abständen mit Informationen versorgt, bis man zum Kunden wird oder sich wieder austrägt. So einfach geht das manchmal.

In unserer Branche gestaltet sich die Kundenakquise etwas diffiziler. Das Prinzip ist allerdings dasselbe, wenn auch nicht so sehr als Massenansprache angelegt und eher differenziert. Sie hatten in den letzten Jahren sicherlich mit genügend Interessenten zu tun, haben wahrscheinlich aber kein Kapital daraus erwirtschaftet. Es sind all die Menschen, die bei Ihnen zur Beratung waren, aber keinen Abschluss getätigt haben.

Zur Erklärung solcher Fälle hieß es bei meiner Vertriebsgesellschaft früher stets, dass viele Menschen mehrere Impulse benötigen, um letztendlich einen Abschluss zu tätigen. Wenn man demzufolge eine Beratung oder ein Akquisegespräch durchführt und der Kunde danach nicht unterschreiben will, sollte man ihn nicht verloren geben, sondern regelmäßig und dosiert immer wieder Kontakt aufnehmen.

Eine Möglichkeit hierzu wäre, sich den Tag der fruchtlos verlaufenden Beratung und den dabei vorgeschlagenen Fonds zu notieren. Im Anschluss wird alle drei Monate eine Mitteilung zum aktuellen Stand des Fonds verschickt.

Der Interessent erfährt im Laufe dieser Ansprache also regelmäßig, wie – hätte er investiert – sein Investment verlaufen wäre. Wenn der betreffende Fonds steigt, fragen Sie den Interessenten fürsorglich, wie lange er noch warten will. Und wenn der Fonds gesunken ist, teilen Sie dem zögerlichen Käufer mit, dass jetzt eine perfekte Zeit zum Investieren sei. Entweder der potenzielle Kunde schreibt Ihnen daraufhin, dass er nicht einsteigen möchte, oder er wird sich irgendwann bei Ihnen mit einem positiven Bescheid melden. Das ist zumindest meine Erfahrung.

Gehen Sie dahin, wo sich Ihre Zielgruppe befindet, und sammeln Sie Adressen ein. Leiten Sie Kontakte auf Ihre Webseite, auf der Sie einen Newsletter anbieten. Dann sind Sie auch rechtlich sauber aufgestellt. Sie müssen in Ihrem Newsletter natürlich etwas anbieten, das die Zielgruppe interessiert.

Erfahrungsbericht

Ich habe vor Kurzem, als der Dax um die 1.000 Punkte nach unten gerauscht war, einen Newsletter an Interessenten und Kunden verschickt. Sinngemäß stand in dem kurzen Text, es habe so gut wie keiner mitbekommen, dass der DAX seit Jahresanfang über 2.000 Punkte gewonnen hat und ein Index, der 2.000 Punkte in kurzer Zeit steigt, auch 1.000 Punkte fallen darf.

Diese E-Mail brachte zwei Vorteile: Erstens haben Interessenten wieder von mir etwas gehört und bemerkt, wie nah am Markt ich für sie bin. Zweitens war ich für meine Kunden da und habe kurz vor den Quartalsberichten ein beruhigendes Statement abgegeben. ◀

Der Aufwand für die oben beschriebene Aktion lag bei circa zehn Minuten. Auch wenn ich persönlich kein Freund des DAX bin im Vergleich zu den für meine Kunden aufgestellten Depots, so verfolgen doch viele Menschen die Berichterstattung über seinen Stand und seine Enwicklung im Fernsehen. Deshalb ist es sinnvoll, in Beratungsgesprächen auch darauf einzugehen.

Eine weitere Möglichkeit ist es, sich aus den Online-Auftritten der aktuellen Tagespresse und von Fachmagazinen Artikel herauszusuchen, die beruhigend über die Aktienentwicklung berichten und motivieren. Diesen Link können Sie dann an Ihre Kunden schicken mit dem Titel: Für Sie gelesen![8]

---

8 Diese Themen sind nicht einfach umzusetzen, deshalb biete ich mit Partnern zusammen genau zu diesem Thema Einzelcoachings und Seminare an. Wir analysieren das Maklerunternehmen, arbeiten genau diese Punkte heraus und stellen die Teilnehmer so auf, dass sie genügend Interessenten bekommen, denen sie ihre Dienstleistung anbieten können und damit ihren Umsatz relativ schnell und nachhaltig steigern (ein wenig Eigenwerbung sei hier erlaubt).

Wenn Sie diesbezüglich mehr erfahren wollen, melden Sie sich einfach unter info@udokerzinger.de für ein kostenloses Analysegespräch. Ich stelle Ihnen Fragen darüber, wo Sie stehen, und gebe erste Tipps, wie Sie sich verbessern können. Im Anschluss können Sie entscheiden, ob Sie mit mir und meinen Partnern weiterarbeiten wollen.

Wenn eine Liste mit allen E-Mail-Adressen der Kunden vorliegt, geht der Versand eines Newsletters relativ schnell (ein Punkt, der zu den automatisierten Abläufen zählt). Damit man weiß, was zu schreiben ist, sollte man wissen, wo die Probleme der jeweiligen Zielgruppe sind. So schließt sich der Kreis.

Bei einer Rückmeldung auf die oben beispielhaft aufgeführte Mail habe ich des Öfteren Interessenten gewonnen. Wie schwer ist dann der Verkauf noch, wenn Sie nur mit diesem Menschen reden und nicht aus Mangel an Kontakten jemanden überzeugen müssen, der kein Geld hat, sich nicht für Altersvorsorge interessiert oder generell keine Entscheidungen treffen kann?

Letzteres macht müde, frustriert und im schlimmsten Fall zweifelt man letztendlich an seiner Kompetenz als Vermittler und Finanzberater. Dann bucht man irgendwelche Seminare, in denen es wieder nichts Neues zu hören gibt, und verzweifelt noch mehr an sich. Am Ende verlässt man die Branche, um festzustellen, dass es woanders auch nicht besser ist. Positionieren Sie sich neu und Sie werden sehen, es geht wieder voran.

▶ Erfahrungsbericht

Einer unserer besten Verkäufer hat einmal erzählt, dass er immer eine 80-prozentige Abschlussquote habe. Da ich damals ziemlich erfolglos war (bei meinen ersten 40 Gesprächen habe ich null Umsatz geschrieben!), habe ich gefragt, ob ich ihn für zwei Wochen begleiten darf.

Wir waren in dieser Zeit bei 18 Interessenten zu einer Beratung. Spannend fand ich, dass viele im selben Zeitraum nur circa zehn Gespräche vereinbart hatten, die meisten noch weniger. Bei den durchgeführten 18 Terminen schlossen damals neun Interessierte eine fondsgebundene Altersvorsorge ab.

Ich war verwirrt, hatte der Kollege mir doch etwas von 80 Prozent erzählt. Auf meine Frage, ob das eine Ausnahme gewesen sei, erwiderte er völlig überzeugt, dass er immer eine 80-Prozent-Quote habe.

Ich ließ nicht locker und hielt an den neun Kunden bei 18 Gesprächen fest. Der Kollege wurde etwas deutlicher, auch im Ton, und fuhr mich an. Er ließe sich doch nicht von irgendwelchen finanziellen Analphabeten, die sich nicht für Altersvorsorge oder Geldanlage interessierten, seine Quote kaputtmachen. ◀

Halten wir fest. Der Verkäufer hatte so gesehen eine 50-Prozent-Quote, wie die meisten anderen auch. Er sah den potenziellen Kunden aber erst ab einer bestimmten Stelle des Gespräches als Kunden an. Vorher war sein Gesprächsgegenüber ein einfacher Interessent, mit dem abgeklärt wurde, ob er überhaupt einen Vertrag schließen möchte. Wenn dieser es gar nicht tun wollte, hätte der beste Verkäufer der Welt nichts verkaufen können.

Als wie erfolgreich sehen Sie selbst sich jetzt? Der erwähnte Mann war damals einer der finanziell erfolgreichsten Verkäufer in unserem Hause. Er hatte einfach zwei Dinge entscheidend anders gemacht. Das sind Dinge, die Sie ab sofort auch einfach in die Tat umsetzen können.

Der Kollege hatte mehr Gespräche und mit einem gesunden Selbstbewusstsein festgelegt, ab wann jemand als Kunde zählt. Er besuchte jegliche Art von Straßenfesten, war Sportler und lernte ständig neue Menschen kennen. Mit diesen kam er völlig belanglos ins Gespräch.

Bei nahezu jedem Gespräch kam irgendwann die Frage auf, was er denn beruflich mache. Daraufhin antwortete er: „Ich informiere Menschen, wie Banken und Versicherungen die Menschen belügen, und helfe meinen Kunden, die gleiche Rendite zu bekommen, die sich sonst Banken oder Versicherungen zuschanzen. Interessiert Sie das?“.

Bei einem „Ja“ machte der zitierte Kollege einen Termin aus, bei einem „Nein“ war das Gespräch beendet. Kamen Einwände, Widerstände oder der Versuch einer Diskussion, brach er ab und verwies bei größerem Interesse auf einen weiteren Termin, da er jetzt schließlich Freizeit habe.

Diese Ansprache ist nichts anderes als ein „Interessenwecker“. Dem einen oder anderen mag das zu drastisch oder unseriös erscheinen.

Finden Sie einfach Ihren eigenen Satz. Er muss neugierig machen und Ihre Gesprächspartner für Ihre Intention qualifizieren oder disqualifizieren. Entweder Ihr Gegenüber will das Gespräch fortsetzen, oder der Angesprochene lehnt ab und Sie können sich auf den nächsten konzentrieren.

2.5.1. Wege, Interessenten zu gewinnen

Zum Schluss soll hier noch einmal ein Schaubild, das der Unternehmensberater Jochen Sommer erstellt hat, gezeigt werden. Es stellt die verschiedenen Wege der Interessentengewinnung dar. (Siehe Grafik auf der nachfolgenden Seite.)

Sie können Anzeigen schalten, Flyer verteilen, Plakate aushängen usw. Das meiste wird bei den Produkten unserer Branche keine sonderliche und nachhaltige Resonanz erfahren. Von allen Werbemaßnahmen erscheint mir Google-Werbung noch am sinnvollsten, weil man in diesem Fall genau wie weiter oben beschrieben vorgehen kann. Sie schalten die Anzeige auf genau denjenigen Seiten, auf die Menschen mit einem Interesse oder Problem klicken und die dort nach einer Lösung suchen. Mir sind einige Kollegen bekannt, die damit guten Erfolg haben.

Die Instrumente aus dem Bereich der Public Relations gehören vielleicht zu denjenigen Mitteln, die am wenigsten zur Gewinnung von Interessenten in Frage kommen. Wobei es natürlich auch hier Makler gibt, die es schaffen, sich immer wieder in Foren, mit Presseartikeln und Beiträgen in Fachzeitschriften als Experten zu positionieren. Sie schicken ihre Artikel an Kunden oder platzieren sie auf ihrer Webseite.

Sollten Sie die Gelegenheit bekommen, einen eigenen Fachbeitrag in einer Zeitung, Zeitschrift oder in einem Fachforum im Internet zu veröffentlichen, dann nutzen Sie diese Möglichkeit. Der Text

Zielgruppe identifizieren • Marketingplan mit Budget		
Corporate Design	Marketingbotschaften	Unternehmerische Vision

Aktivitäten der Interessentengewinnung			
Allgemeine Werbung		Public Relations	
Webseite	Tippgeber	Presseportale	
Kaltakquise	Events	Presseverteiler	
Kundenmagazin	Preismodule	PR-Anzeigen	
Allgemeine Werbung		Networking	
Handzettel	Huckepackmarket.	Netzwerktreffen	Tippgeber
Schilder, Plakate	Ladenlokal	Vorträge	Internet-Plattformen
Direktmarketing	Messen		

Kontakte

Disqualifizierung

Qualifizierter Lead (Termin)

▶ Das Schaubild zeigt den Prozes zur Gewinnung von Interessenten nach dem Modell von Unternehmensberater Jochen Sommer. Weitere Informationen unter www.jochensommer.de.

muss nicht unbedingt etwas sensationell Neues bringen. Er muss nur von Ihnen, dem Experten, sein.

Im Bereich der allgemeinen Werbung stellt sich zuerst die Frage, wie hoch Ihr Budget ist. Werbemaßnahmen und -aktionen kosten nun einmal Geld – vor allem, wenn sie gut produziert sein sollen. Schaut man auf das Farming (im Sinne von „werbliches Beackern seines Umfelds“), sind die Themen Direktmarketing und Huckepackmarketing, wenn also der eine Anbieter den anderen huckepack zu seinem Kunden mitnimmt, interessant.

Alle anderen Ansätze sind in der Finanzberatung und bei der Thematik Anlageberatung nicht sehr vielversprechend. Das typische Ladenlokal eines Ausschließlichkeitsvertreters ist sicherlich in den entsprechenden Gegenden erfolgreich. Meiner Meinung nach läuft aber in Fragen der Altersvorsorge das Geschäft für einen Makler kaum über die Laufkundschaft.

▶ Huckepackmarketing

Suchen Sie sich Kooperationspartner, deren Angebot nicht mit Ihren eigenen Produkten konkurriert und mit denen Sie gemeinsame Kunden gegenseitig bedienen. Eine klassische Option ist der Steuerberater, der Sie seinen Mandanten als Finanzmakler anempfiehlt. Theoretisch kann sogar der Bäcker am Ort ein Kooperationspartner sein. Die Zusammenarbeit muss nur in eine in sich schlüssige Geschichte verpackt sein.

Meiner Erfahrung nach ist für das Investmentgeschäft das sogenannte Networking (Anknüpfen und Pflegen von Kontakten) am erfolgreichsten. Es funktioniert einerseits über Netzwerktreffen, um neue Leute kennenzulernen; andererseits über Tippgeber und Empfehlungsgeber oder sogar aktive Partner, die etwas Geld nebenher verdienen wollen.

Mir sind Makler bekannt, die bis zu 200 angebundene Tippgeber haben, diese regelmäßig schulen und über die Grundlagen der Finanzbranche informieren. Die Tippgeber sprechen dann im Gegenzug, natürlich auch aus finanziellem Interesse, Empfehlungen aus. Dies zu systematisieren, ist ein vielversprechender Weg, der meiner Erfahrung nach langfristig und nachhaltig den meisten Umsatz bringt.

2.5.2. Teil 2: Königsweg Vortrag

Wie können Sie nun neue Kontakte finden, um sie mit Ihrer Dienstleistung zu erfreuen?

Unsere eigene Interessentengewinnungs-Maschine war und ist auch heute noch ein Vortragssystem, bei dem wir viele Menschen im ersten Teil erst einmal grundsätzlich darüber informieren, wie Geldsysteme und Wirtschaft funktionieren. Im zweiten Teil präsentieren wir Lösungen für die Probleme der Anwesenden und verteilen im Anschluss einen Fragebogen, in den die Gäste eintragen, was sie konkret interessiert.

Und genau da zeigt sich der ausschlaggebende Unterschied zu einer klassischen Verkäufer-Ansprache. Wir in unserem Betrieb vereinbaren nur mit denjenigen Gesprächstermine, die wirklich etwas verändern oder unternehmen wollen. Diejenigen, die das unnötig finden, fahren einfach wieder nach Hause und haben keinen Termin gemacht.

Dieses Vorgehen bringt viele Vorteile mit sich. Wir können bei bspw. zehn Teilnehmern neun Erstgespräche vermeiden (mit Menschen, die gar nichts ändern wollen) – und haben damit viel Zeit und Sprit gespart. Wir fahren erst gar nicht zu diesen Personen nach Hause. Nach dem Vortrag besuchen wir nur jene, die schon am Abend ein klares Kaufsignal gegeben haben.

Wenn von zehn Teilnehmern fünf ein Problem lösen wollen, führen wir nur mit diesen fünf Leuten die konkreten Gespräche und schließen meistens auch mit jedem einzelnen etwas ab. Wieder haben wir uns Zeit und Geld für fünf Gespräche gespart. Zudem ist die Zeit, die wir bei Kunden verbringen, erheblich kürzer, da der Vortrag bereits vieles über den Markt und das Thema Investmentfonds erklärt hat. Der Vorteil, eine Thematik einer ganzen Gruppe zu präsentieren, erhöht zudem die Glaubwürdigkeit.

Wenn man jemandem etwas im Einzelgespräch erzählt, kann er es glauben oder er kann es bleiben lassen. Berichtet man vor einer Gruppe über dasselbe Thema und einer der Anwesenden stellt vielleicht noch kritische Fragen, auf die der Referent kompetent und glaubwürdig eingeht, steigt das Vertrauen und letztendlich auch die Terminquote.[9]

Der Erfolg eines Vortrags liegt im Detail. Nachfolgend erfahren Sie eines von zahlreichen Geheimnissen, die einen Vortrag gelingen lassen. Vieles wird nämlich auf den ersten Blick nicht erkannt. Es genügt nicht, zu jeder neuen Veranstaltung nur die Folien zu kopieren und einen anderen Referenten hinzustellen. Auch hier ist das Gesamtkonzept wichtig.

Einen wichtigen Aspekt stellt der zum Ende verteilte Fragebogen dar. Man erlebt viele Vorträge, die gut gehalten werden, am Ende erfolgt aber keine Handlungsaufforderung an die Gäste, beispielsweise durch den Fragebogen. Fragt man, warum dies ausbleibt, kommt häufig die Antwort, die Befragung würde zu viel Druck ausüben, man wäre kein Strukturvertrieb.

Genau darum geht es aber: eine Handlungsaufforderung zur Abnahme eines Termins. Mehr ist es ja nicht. Wer sich bedrängt fühlt, der braucht keinem Termin zuzustimmen. Darin gründet die Interessentengewinnung. Diejenigen, die wollen, von denen, welche nur schauen bzw. zuhören, zu unterscheiden.

Wege, Menschen für einen Vortragsbesuch zu gewinnen, gibt es viele. Manch ein Gast kommt tatsächlich auf eine gut gemachte Anzeige hin. Diese Resonanz kann man als Ergänzung mitnehmen, Werbeanzeigen sollten aber nicht der Schwerpunkt der Vortragskommunikation sein.

Die meisten Gäste kommen, weil der veranstaltende Makler Netzwerktreffen, Visitenkartenparties, Geburtstage etc. besucht und über den Vortrag informiert (siehe in diesem Zusammenhang auch das

9 Wer das in Perfektion erleben will, dem empfehle ich, meinen Geschäftspartner Alexander Ihl im Raum Frankfurt zu besuchen. Die Firma I-plus-a (www.i-plus-a.de) hält nach wie vor mit ihren angeschlossenen Maklern 14-tägig Fachvorträge vor Endkunden und hat eine hohe Erfolgsrate.

Beispiel des erfolgreichen Verkäufers ein paar Abschnitte zuvor).[10] Wie jemand auf eine andere Weise auf einen Fachvortrag angesprochen wird, wird im letzten Kapitel berichtet, denn die Verkaufstools hängen eng zusammen, egal ob man einen Fonds oder einen Fachvortrag verkaufen will.

Es ist wesentlich leichter, Menschen zu einem Vortrag einzuladen, als direkt eine Beratung im eigenen Haus „zu verkaufen". Viele Menschen fühlen sich durch einen solchen Einzeltermin gestört. Bei einem Vortrag haben sie hingegen das Gefühl, dass sie jederzeit wieder gehen können.

Zurzeit testen wir auch die Form von Online-Vorträgen. Diese sind zwar mit weniger Aufwand verbunden, da der Interessent keine Wege auf sich nehmen muss. Wir haben aber keine Möglichkeit, eine konkrete Handlungsaufforderung auszusprechen und einzufordern. Der Zuhörer schaltet einfach den Rechner ab, wenn er nichts Weiterführendes hören will. Doch auch hier bleiben wir am Markt und testen neue Optionen.

2.6. Empfehlungen

Der Königsweg in unserer Branche ist die Empfehlung. Auch hier passiert etwas Wunderbares. Es geschieht, dass Menschen Bekannten und Freunden von sich aus einen Vortrag empfehlen, da dieser ihnen einen erheblichen Mehrwert gebracht hat. Doch auch in diesem Punkt muss man realistisch sein: Am Anfang wird keiner davon leben können, einfach abzuwarten, wie sich die mit einem Vortrag verbundenen Absichten erfüllen.

Wesentlich leichter fällt es, konkrete Empfehlungen einzuholen. Wenn Sie einen Bestandskunden fragen, ob es wichtig ist, einen Vortrag weiterzuempfehlen, werden Sie von 90 Prozent ein „Ja" erhalten. Dann können Sie diese Person zu einem der nächsten Termine

10 Wie jemand auf eine andere Weise auf einen Fachvortrag angesprochen wird, erfahren Sie im letzten Kapitel. Denn die Verkaufstools hängen eng zusammen, egal ob Sie einen Fonds oder einen Fachvortrag verkaufen wollen.

einladen. Sehr häufig kommen die zukünftigen Kunden auch gemeinsam mit ihren Bekannten mit zu Ihrem Vortrag. Das erhöht natürlich noch einmal die Chance auf ein Beratungsgespräch.

Auch hier entwickeln wir uns im eigenen Betrieb weiter. Wir testen gerade ein System, bei dem der Gast seinen Bekannten einfach per E-Mail einen Link schicken kann, der zu einer kostenlosen Anmeldung zu einem der nächsten Vorträge führt. Diese Möglichkeit, einen Hinweis zu geben, fällt den Menschen noch leichter, als direkt eine derartige Empfehlung auszusprechen.

Wer mit dem Vortragskonzept anfangen möchte, dem sei Folgendes empfohlen: Machen Sie zuerst eine allgemeine Veranstaltung für Bestandskunden zum Thema Altersvorsorge, Ruhestandssicherung, Vermögensplanung, Patientenvermögen o. Ä., damit möglichst viele Ihrer Kunden erscheinen.

Am Ende der Veranstaltung sprechen Sie das Thema Empfehlungen aktiv an und teilen einen Fragebogen aus, auf dem Sie am Ende Platz für fünf Namen lassen. Nachdem die Formulare ausgefüllt worden sind, können Sie am selben Abend oder bei den zustande gekommenen, später stattfindenden Terminen nach der besten Vorgehensweise fragen, wie Sie (oder mit Ihrem Kunden gemeinsam) die empfohlenen Personen zum nächsten Vortrag einladen. Bei den Gästen, die keinen Terminwunsch haben, können Sie nachtelefonieren und aktiv nach Empfehlungen fragen.

Der Vorteil dieses Ansatzes: Menschen tun sich leichter damit, einem Freund einen Ansprechpartner zu empfehlen, als einen Finanzberater in das Wohnzimmer eines Bekannten zu schicken. Aus einem offenen Raum kann dieser bei Bedarf wieder flüchten.

Schwerer wird es, den Berater oder Versicherungsvermittler aus den eigenen vier Wänden hinauszukomplimentieren. Übrigens kann man Empfehlungen auch von Menschen erhalten, die keinen Termin durchführen wollen. Das unterschätzen viele. Dazu zwei Beispiele:

Auf einer meiner Veranstaltungen gab es einen jungen Unternehmer, der den Fachvortrag großartig fand und als genau richtig für die Masse der Menschheit bezeichnete. Er selbst bräuchte aber keinen Termin, weil er alles alleine mache. Auf meine Frage, ob diese

Erkenntnis für alle in seinem Bekanntenkreis gelte, meinte er, dass seinen Eltern eine Beratung guttun würde. Kurzum, ich vereinbarte einen direkten Termin bei seinen Eltern und habe für sie 30.000 Euro angelegt.

Zum zweiten Fall: Ich kannte einen Hausmeister, der meinte, er wäre der Fondsexperte vor dem Herrn. Auf meine Frage hin, ob denn alle in seinem Bekanntenkreis solche Experten wie er selbst wären, verneinte er dies kategorisch und meinte, dass nur er über ein solches Wissen verfüge. Daraufhin fragte ich den Hausmeister, wen er denn zu unserem Vortrag schicken würde, damit diese Menschen auch die Chance bekämen, zumindest ansatzweise sein Wissen und seinen Informationsstand über geeignete Lösungen zu erhalten. Der Hausmeister hat mir daraufhin zwei Namen genannt, die wir auf den später folgenden Vortrag eingeladen haben.

Die Empfehlung, einen Vortrag zu besuchen, funktioniert aus einem weiteren Grund relativ einfach. Der Gast hat das Gefühl, dass der Ablauf der Veranstaltung immer derselbe ist und er deswegen weiß, was er jemandem empfiehlt. Geht es um eine individuelle Beratung im eigenen Zuhause, können Inhalt und Ablauf des Beratungsgesprächs nur bedingt erahnt werden. Zudem kommen zu einem Vortrag mehrere Personen, was die Anonymität fördert und Hemmschwellen abbaut.

2.7. Der Verkauf

Dem Thema Verkauf als zentrale Aufgabe des Vertriebs widmet sich ein eigenes Kapitel. Ausführliche Informationen finden Sie in Abschnitt IV. „Das Kundengespräch“.

2.8. Betreuung des Bestandes

Gerade im Zusammenhang mit dem Thema Empfehlungen ist der Aspekt Betreuung besonders wichtig. Im Vertrieb habe ich gelernt, direkt nach einem Fachvortrag oder spätestens nach einem Abschluss mindestens fünf Empfehlungen zu generieren. Gerade nach dem getätigten Abschluss ergaben sich Probleme, weil viele Kunden erst abwarten wollten, ob das, was ihnen angeboten wurde, funktioniert. Was passiert dann meistens? Der Vermittler unternimmt bei den Personen nichts mehr.

Dabei wirkt das Abwarten gar nicht kontraproduktiv. Denn unser Haupterfolgskriterium ist Vertrauen. Und das entsteht nun einmal erst mit der Zeit. Daraus folgt, dass zum einen durch eine optimale kontinuierliche Betreuung die Bestandssicherung stattfindet – eine Stornosicherung; zum anderen können Sie immer wieder auf das Thema Empfehlungen eingehen.

Zur Veranschaulichung folgt eine Auflistung von Möglichkeiten, die man in der Kundenbetreuung einsetzen kann. Einige Tipps habe ich selbst erfolgreich angewandt, andere wiederum stammen von befreundeten Maklern.

Kontinuierliche Kundenbetreuung

Tipps zur Betreuung des Bestandes:

- Regelmäßige News zur Wirtschaftslage als Newsletter versenden.
- Ein bis zwei Kundenbriefe im Jahr verschicken, zum Herbstanfang oder zu nicht alltäglichen Ereignissen.
- Geburtstagsanrufe tätigen. Hierzu ein Gedanke: In einer Zeit, in der sogar gute Freunde (zumindest bei jüngeren Menschen) nur noch per SMS, E-Mail oder auf Facebook Glückwünsche versenden, komme ich wieder zum guten alten Telefonat zurück. Was gibt es Besseres, als wenn der Berater einen kurzen Anruf tätigt und gratuliert? Dabei fallen im Schnitt maximal ein

bis zwei Gespräche pro Tag an und Sie können ein paar Wochen später wieder nach Empfehlungen fragen.

- Einladung zu einem Bestandskundenvortrag. Hier bieten sich viele Themen an. Über die wirtschaftliche Lage z. B., gerade wenn ein Jahr schlecht läuft. Über die Themen Pflege, Patientenverfügung oder andere Cross-selling-Produkte. Sollten Kunden nicht erscheinen, ist das nicht entscheidend. Sie haben wieder eine E-Mail oder einen Brief von Ihnen erhalten und wissen, dass es Sie noch gibt.
- Veranstalten Sie ein Sommer-Grillfest. Warum immer nur in Vereinen feiern? Laden Sie doch Ihre Kunden einmal zu einer Feier ein und positionieren Sie den einen oder anderen Interessenten dazwischen. Vielleicht verkauft ihm einer Ihrer Kunden das Produkt und Sie müssen nur noch abschließen.
- Einen Kinoabend organisieren. Ein mir bekannter Makler mietet einmal pro Jahr das örtliche Kino an und organisiert mittags eine Kindervorstellung, abends etwas für Erwachsene. Auch er lädt ausgewählte Interessenten ein, um danach über den Kauf eines Produkts zu sprechen.
- Sammeln Sie Informationen zu den Interessen Ihres Kunden. Wenn Sie im Netz etwas finden, das dazu passt, schicken Sie dem Kunden den entsprechenden Link zu. Diese Maßnahme gestaltet sich etwas aufwendig, ist bei A-Kunden aber durchaus interessant.
- Verschicken Sie einmal eine Referenz an Ihre Kontakte, die Ihnen besonders gefallen hat. So sehen die Kunden, dass auch andere Sie positiv einschätzen. Das stärkt das Vertrauen in Sie. Je mehr Personen etwas gut finden, umso weniger wird kritisch darüber diskutiert.

Wenn Sie die Aktionen durchgeführt haben, können Sie immer wieder zu einem späteren Zeitpunkt nachtelefonieren und konkret folgende Frage stellen: „Sind Sie zufrieden mit meiner Arbeit?“, „Ist diese Arbeit empfehlenswert?“, „Wem aus Ihrem Bekanntenkreis könnten Sie eine Empfehlung aussprechen, so dass dieser die gleichen Beratungsvorteile nutzen kann wie Sie?“.

Seien Sie kreativ. Viele Aktionen kostet nur wenig Zeit. Makler, die verstärkt im Sachbereich unterwegs sind, werden wahrscheinlich sowieso schon eine gute Kundenbetreuung durchführen. Bei Vertrieben und denjenigen Vermittlern, die im Bereich Leben und Rente unterwegs sind, wird das Thema Betreuung nicht einen derart großen Stellenwert haben. Am besten, Sie nehmen sich das heraus, was Sie brauchen und was Sie weiterbringt.

2.9. Kontinuierliche Optimierung

Auch die Fakten zu diesem Punkt sind schnell erzählt, doch dieser Aspekt ist für Ihren Prozess zur Verkaufsgestaltung ebenfalls wichtig. All die genannten Schritte, selbst wenn sie irgendwann reibungslos funktionieren, müssen immer wieder überprüft und neu durchdacht werden.

Empfehlenswert ist, sich einmal pro Jahr zurückzuziehen und zu analysieren, was gut läuft und was nicht. Zur Überprüfung meiner Arbeitsabläufe nutze ich eine Matrix, die ich das erste Mal beim US-amerikanischen Autor und Berater Brian Tracy gesehen habe. Fragen Sie sich: Was muss ich mit heutigem Wissen

- mehr tun,
- weniger tun,
- gar nicht mehr tun,
- anders tun.

Wenn Sie sich zurückbesinnen und darauf schauen, was Ihnen Geld eingebracht und was Sie lediglich Zeit und Nerven gekostet hat, werden Sie Ihr eigener Unternehmensberater. Überlegen Sie, wie Sie die Erkenntnisse des vorangegangenen Jahres derart nutzen, dass Sie die Dinge, die gut gelungen sind, von nun an öfter tun, und diejenigen, die nichts gebracht haben, weniger, gar nicht oder aber anders umsetzen als bisher.

Eine zweite Übung von Brian Tracy, die mir immer sehr viel und rasch weitergeholfen hat, lautet wie im nächsten Absatz beschrieben. Sollten Sie bei der Überlegung und dem Innehalten erkennen, dass Sie ein Problem haben und nicht genau wissen, wie Sie die Dinge anders machen sollen, hilft Folgendes:

Schreiben Sie das Problem auf: Notieren Sie das optimale Ergebnis. Danach schließen Sie sich ein und suchen nach 20 Punkten, die zum Erreichen dieses Ergebnisses beitragen. Die ersten Punkte werden Ihnen relativ schnell einfallen. Richtig schwierig wird es erfahrungsgemäß ab Punkt sechs. Bei Punkt 14 usw. werden Sie mich, sich selbst und die Welt verfluchen. Doch ich garantiere Ihnen, dass bei den 20 Punkten welche dabei sein werden, die Sie nach vorne bringen können.

Sie werden sich Gedanken darüber machen, ob Ihre zu Beginn gefasste Vision noch passt, die Zielgruppe stimmt usw. So bleiben Sie immer aktuell, motiviert und laufen nicht – wie im sprichwörtlichen Hamsterrad – den ganzen Tag im Kreis herum. Sonst verfestigt sich das Gefühl, dass der Job nur anstrengend ist und immer weniger Spaß macht.

IV. Das Kundengespräch

1. Strukturiert zum Erfolg

Die meisten Vermittler beraten bislang noch ihre Kunden zum Thema Fonds, ohne sich auf ein wie in Kapitel III beschriebenes funktionierendes Vortragssystem zu stützen. Im Nachfolgenden konzentriert sich deshalb die Darstellung eines Verkaufsgesprächs auf die Fähigkeit, Investmentfonds auch ohne die kommunikative Stützung durch einen Vortrag zu verkaufen.

Das Besondere an dem System ist allerdings, wie beschrieben, dass mit einer Vortragsveranstaltung viele Dinge vorweggenommen werden. Im Fachvortrag wurde bereits einiges gesagt und der Kunde weiß im eigentlichen Verkaufsgespräch bereits genauer, wie die Dinge funktionieren.

Genau wie bei der Organisation des eigenen Unternehmens, sollte auch das Kundengespräch an sich gut strukturiert sein und automatisiert ablaufen. Sicherlich werden die meisten von Ihnen vieles schon genauso machen, wie es im Folgenden beschrieben ist.

Aus eigener Erfahrung möchte ich aber vor Betriebsblindheit warnen. Vielen meiner Seminarteilnehmer ist klar, dass es im Grunde genommen nicht darum geht, Neues zu erfahren. Es hilft aber immer wieder, bewusst den Blick auf funktionierende Elemente zu richten und diese erneut oder auch endlich in die Tat umzusetzen.

Bei dem einen oder anderen setzt die vorliegende Anleitung vielleicht Prozesse in Gang, weil sie in einer Sprache formuliert ist, die den entscheidenden Hebel im Kopf umlegt. Vielleicht sind ja auch viele neue Dinge dabei.

Andere Vermittler wiederum setzen die Dinge schon so ähnlich wie beschrieben um. Sie müssen dann eventuell nur ein paar Kleinigkeiten oder Ergänzungen zu ihrer bestehenden Praxis in ihren eigenen Verkaufsprozess integrieren. So oder so, Sie selbst werden auch aus diesem Kapitel das herausziehen, was auf Sie und Ihre Beratungspraxis passt.

Auch in dieser konkreten Frage habe ich selbst wieder vom strukturierten Vertrieb profitiert. Da man dort einen Berater möglichst schnell im Beratungsprozess in die Eigenverantwortung bringen wollte, mussten die einzelnen Prozesse einfach sein, gut funktionieren und schnell zu duplizieren sein. Diesen Ansatz empfehle ich jedem Verkäufer, egal in welcher Branche er sich befinden mag.

Entwickeln Sie einen Verkaufsprozess, der funktioniert, und dann automatisieren Sie ihn, um ihn immer und überall wie im Schlaf umsetzen zu können. Das heißt nicht, ein vorformuliertes Gespräch auswendig zu lernen, und dann bei jeder Frage, die nicht in das Konzept passt, ins Straucheln zu geraten. Vielmehr ist gemeint, eine Art Rahmen zu schaffen, der flexibel und anpassungsfähig ist – aber so optimiert, dass man sein Konzept instinktiv, ohne darüber nachzudenken, gleich gut abspulen kann.

Oder anders ausgedrückt: Entwickeln Sie eine Art Baukastensystem, bei dem Sie je nach Bedarf die entsprechenden Module herauspicken können, von denen Sie glauben, dass sie an dieser Stelle im Verkaufsprozess funktionieren.

Nichts anderes machen auch große Konzerne. Von Kontakten, die bei einem großen Shopping-TV-Kanal arbeiten, habe ich beispielsweise erfahren, dass dort der Verkaufsprozess zu einem Produkt einerseits fast immer nach einem identischen Muster abläuft; andererseits ist jeder einzelne Prozess jeweils von A bis Z durchgeplant. Es wird nichts dem Zufall überlassen. Das sollten Sie spätestens ab heute auch nicht mehr tun.

2. Das Phasenmodell PAPA

Es gibt unzählige unterschiedliche Möglichkeiten, ein Verkaufsgespräch in einzelne Phasen zu unterteilen. Da ich ein Mann der Einfachheit bin und mir generell nicht zu viel merken möchte, habe ich mein Konzept auf vier Phasen beschränkt, die in der nachfolgenden Übersicht aufgeführt sind.

Das Phasenmodell

P Persönliche Beziehungsphase
A Analyse
P Präsentation
A Abschluss

Die meisten Verkäufer in allen Branchen setzen folgende zeitliche Aufteilung in einem Gespräch – wenn sie überhaupt einen systematisierten Ablauf nutzen:

Persönliche Beziehung: zehn Prozent
Man plaudert etwas über dies und das, interessiert sich aber nicht wirklich für den anderen.

Analyse: 20 Prozent
Man interessiert sich kurz für die Wünsche des Gesprächspartners, es soll aber bloß nicht zu viel Zeit verloren gehen; man will ja zum Punkt kommen.

Präsentation: 30 Prozent
Jetzt schlägt die Stunde des Verkäufers. Der Kunde wird mit Fachwissen zugeschüttet und zermürbt von vielen Fachbegriffen sowie allem, das sonst niemanden interessiert.

Abschluss: 40 Prozent
Man kämpft um die Unterschrift, diskutiert die Einwände unter mehreren Blickwinkeln betrachtet und wird schließlich immer verzweifelter, sollte das Geschäft nicht funktionieren. Manche Verkäufer werden sogar unfreundlich, wenn der Kunde Fragen stellt oder an der Sinnhaftigkeit des Konzeptes zweifelt.

Wenn daraufhin jemand hinterfragt, was denn bei einem verloren gegangenen Auftrag schiefgelaufen ist, analysiert man in der Regel die letzten Minuten des Gespräches. Weiß man anschließend immer noch nicht so recht weiter, bucht man ein weiteres Mal ein Verkaufstraining oder ein Training zur Einwandbehandlung, um rhetorisch noch besser zu werden. Leider meist mit mäßigem Erfolg.

Das mag etwas polemisch und provokativ klingen. Die Darstellung spiegelt die Erfahrung wider, die mir von vielen Verkäufern, die ehrlich zu sich selbst waren, im Feedback geschildert wurde. Das Ganze erinnert ein bisschen an ein Hamsterrad. Der Verkäufer strampelt und läuft und läuft, arbeitet sich (sprichwörtlich gesehen) die Sohlen ab – und erzielt dennoch ein äußerst mageres Ergebnis.

Weshalb? Der Erfolg bzw. der Vorgang, im Investmentbereich bei eher skeptischen Menschen einen Abschluss zu tätigen, wird auf einer ganz anderen Ebene entschieden.

3. Die Person des Vermittlers: „Human being" oder „human doing"?

3.1. Verändern Sie doch Ihre Einstellung

Im Oxford-Lexikon[11] steht zur Definition von „human being", dass dazu Männer, Frauen und Kinder gehören, die sich von anderen Lebewesen aufgrund ihrer mentalen Entwicklung, artikulierten Sprache und ihres aufrechten Gangs unterscheiden. In deutschen Worten ausgedrückt: Mensch sein, menschliches Wesen.

Wenn ich mir die meisten Verkäufer anschaue und sehe, in welchem Verhältnis sie ein Verkaufsgespräch einteilen, habe ich immer den Eindruck, es gehe eher um „human doing". So gesehen um „menschliches Tun".

---

11 Vgl. www.oxforddictionaries.com/de/definition/englisch_usa/human-being.

Verkäufer glauben stets, sie müssten nur genug reden und tun, dann werde der Kunde schon „vollgequatscht“ und das Produkt kaufen. Sie glauben, dass der Kunde – wenn sie nur genug Informationen vermitteln – irgendwann bei der einen oder anderen Information anspringt und dann kaufen möchte.

Viele Verkäufer reden auch deshalb so viel, weil sie Angst haben, dass der Kunde während einer Wortpause eine Frage stellt, die vielleicht nicht beantwortet werden kann.

Sollte der Kunde aus Verkäufersicht wider Erwarten doch nicht kaufen wollen, sehen die meisten den Fehler darin, dass er wahrscheinlich noch nicht genügend Informationen hatte. Verkäufer tun dann das, was sie am besten können: Noch mehr Informationen übermitteln.

Da, wie beschrieben, die wenigsten Finanzberater ihren Kunden wirklich zuhören, muss sich das für diese wie eine Art Verfolgungsrennen anfühlen. Daher wundert es mich auch nicht, wenn Kunden mit Verkäufern nichts zu tun haben wollen und lieber im Internet kaufen. Denn da haben sie ihre Ruhe und es stört sie niemand.

In diesem Lichte betrachtet, verfügt jede Katze über mehr „human being“ als viele Verkäufer. Deren Schwäche, wie im beschriebenen Fall, liegt vielleicht darin begründet, dass wir eine artikulierte Sprache haben und glauben, diese in voller Intensität einsetzen zu müssen.

Hinterfragen Sie sich als Person und überlegen Sie, ob es nicht einfacher, erfolgreicher und mit viel weniger Zeitaufwand und Stress verbunden wäre, wieder zu einem „human being“ zu werden.

3.2. Der Weg vom „human doing“ zum „human being“

Wie können wir dieses Problem der Überfrachtung eliminieren und unseren Kunden wieder ausreichend Luft zum Atmen lassen? Indem wir uns wieder mehr auf unser eigentliches Wesen und weniger auf unser Tun besinnen. Wenn wir das Sein des menschlichen Wesens in den Vordergrund stellen, würde das Verkaufsgespräch bzw. seine

Aufteilung in die einzelnen Phasen wie im Nachfolgenden beschrieben aussehen.

Persönliche Beziehungsphase: 40 Prozent
Sie hören Ihrem Gegenüber aufrichtig zu, interessieren sich ehrlich für ihn und seine Probleme.

Analyse: 30 Prozent
Sie hinterfragen seine Wünsche, bis Sie zu 100 Prozent verstanden haben, was er will und welcher Art eine geeignete Lösung seiner Ansicht nach sein sollte.

Präsentation: 20 Prozent
Jetzt wird es hart für alle Fachjunkies. Erzählen Sie so wenig wie möglich, nur so viel wie nötig und vor allem nur das, was der Kunde bei der Analyse zuvor zur Bedingung gemacht hat.

Abschluss: zehn Prozent
Der Abschluss wird jetzt wesentlich leichter. Einwände kommen meiner Erfahrung nach an dieser Stelle auch nicht mehr. Es sind vielmehr Fragen, die noch zur vollständigen Zufriedenheit geklärt werden müssen.

Das Schöne an der Verteilung und Art dieser Vorgehensweise ist: Sie müssen fast nichts tun. Sie stellen Fragen, schreiben sich die Dinge auf und liefern dem Kunden das, was er will. Fertig.

3.3. Die Kunst des Zuhörens und Reden-Lassens

Vor allem bei der ersten und zweiten Phase des Gesprächs sind vom Vermittler Verhaltensweisen gefordert, die ich generell bei vielen Menschen vermisse. Man muss zuhören und sich aufrichtig für den anderen interessieren. In meinen Gesprächen mit vielen Beratern ist mir aufgefallen, dass sie oft bereits vor dem Gespräch zu wissen meinen, was ihr Gesprächspartner will und wie sie es ihm „aufquatschen“. Es ist nicht verwunderlich, wenn diese dann Einwände und Zweifel entwickeln.

Praxistipp

Hören Sie zu und interessieren Sie sich für Ihr Gegenüber.

Einer meiner früheren Mentoren hat immer gesagt: Zuhören kostet Energie, Reden gibt Energie. Reden schafft Platz im Gehirn. Mit jeder Information, die man aufnimmt, benötigt man hingegen Speicherplatz. Je mehr der Kunde reden darf, desto mehr Kapazität bleibt für die Aufnahme der später so wichtigen Informationen. Wenn Sie Ihren Kunden bereits von Anfang an mit Text überfrachten, wie soll er die späteren Infos noch verarbeiten können?

Meiner Vorstellung nach ist das Kundenhirn wie eine Festplatte. Im Bereich der Finanzberatung ist es eher mit der Speicherkapazität eines Atari, des in den 1980er Jahren populären Computersystems, ausgestattet.

Das ist nicht als respektlos zu verstehen. Je mehr man redet, umso mehr muss der Kunde abspeichern und umso schneller wird sein Speicher gefüllt. Je nachdem, wann Sie den Kunden antreffen, ist die Festplatte mit dem Tagesgeschehen schon fast voll besetzt. Wenn Sie jetzt noch direkt Ihre Informationen hineindrücken, muss das Fass sprichwörtlich überlaufen.

Der Kunde kommuniziert das gerne mit dem Satz: „Das war mir heute zu viel, da muss ich noch mal darüber schlafen.“ Einer der meist gehassten Sätze von Verkäufern. Leider wird dieser Satz in den meisten Fällen selbst provoziert.

Wie wollen Sie in dieser Situation die notwendige Luft schaffen, um noch die eigentlich fachlichen Dinge zu erklären? Sorgen Sie am Anfang des Gespräches durch Zuhören dafür, dass sich der Speicher des Kunden leert und er wieder bereit ist, die Dinge aufzunehmen, die notwendiges Wissen für einen Abschluss sind.

4. Zu den vier Phasen des Verkaufsgesprächs

Soweit die Theorie. Um einen besseren Einblick zu gewähren, sollen zu jeder der oben genannten Phasen die Vorgehensweisen näher geschildert werden, die dabei helfen, das Anliegen des Kunden schneller auf den Punkt zu bringen und langfristig sicherer ein Produkt zu verkaufen.

Die Beschreibung der einzelnen Gesprächsphasen – PAPA: persönliche Beziehungsphase, Analyse, Präsentation, Abschluss – kann kein persönliches Training ersetzen. Sie hilft aber dabei, einiges zu überdenken und sich vielleicht neu zu erfinden.

4.1. Persönliche Beziehungsphase

Diese Phase wird meist auch mit Namen wie Warm-up oder Small Talk bezeichnet. In jüngster Vergangenheit habe ich des Öfteren gelesen, dass man diese Phase eigentlich nicht bräuchte, man solle schnell zur Analyse kommen. Der Interessent könne das ganze „seichte Gerede" nicht mehr hören.

Wenn Ihre Zielgruppe eine Gruppe von Personen ist, die sich stark für Geld und Fonds interessieren und die zu Ihnen kommen, um den für sie besten Fonds zu kaufen, mag das sogar zutreffen. Dennoch ist diese Phase des Verkaufsgesprächs nach wie vor die wichtigste, auch wenn sie unterschiedlich lang dauern kann. Die Frage, die sich stellt, ist: Warum braucht man diese Phase und wer bestimmt ihre zeitliche Länge?

Heute kommt der Vermittler nicht mehr wie früher in ein Wohnzimmer, blickt ehrfürchtig an die Zimmerdecke, lobt den Kunden für deren geradlinig und perfekt verarbeitete Holzarbeit und fragt ihn dann, ob seine Altersvorsorge auch so geradlinig und perfekt verarbeitet werden soll.

Ja, das hat man früher so gelernt und auch angewendet. Diese Methode hat auch funktioniert – zumindest bei Personen, die eine Holzdecke hatten. Heute reicht auch kein Lob mehr für irgendein

Aquarium oder einen Teppich. Diese Zeiten sind vorbei. Wie alles im Leben, hat sich auch der Small Talk weiterentwickelt.

Die Menschen, die berichten, dass sie diese Small-Talk-Phase nicht benötigen, haben wahrscheinlich keine Idee, worauf es bei ihr ankommt und warum sie so wichtig ist, damit man am Ende zum Abschluss gelangt. Gerade sie leben noch immer nach der alten Vorgehensweise.

Hinzu kommt, dass sich in einer solchen Phase der Fondsverkauf vom Verkauf vieler anderer Produkte unterscheidet. Die meisten Menschen kaufen Fondsprodukte aus Vertrauen. Sie haben weder vor noch nach der Beratung verstanden, wie ein Fonds funktioniert und was genau sie kaufen. Sie haben das gute Gefühl, bei ihrem Berater oder Verkäufer gut aufgehoben zu sein.

Diesen Eindruck gilt es, im Gespräch aufzubauen. Das gute Gefühl. Das Ziel dieser ersten Phase heißt also im weitesten Sinne Vertrauen aufbauen.

Bis vor Kurzem dachte ich, dass das jedem auch klar ist. Leider musste ich bei einigen Gesellschaften auf sehr hohen Entscheidungsebenen feststellen, dass man dort immer noch der Meinung ist, ein Produkt verkaufen zu müssen.

In diesen Konzepten werden die Produktvorteile in den Vordergrund gestellt, ohne zu merken, dass diese nahezu komplett austauschbar sind. Gerade im Altersvorsorgebereich gibt es kaum noch Vorteile gegenüber anderen Anbietern. Der eine hat hier ein paar Vorteile und da ein paar Nachteile. Bei einer anderen Gesellschaft ist es umgekehrt.

Deshalb soll an dieser Stelle ein Apell gerade an die Ausschließlichkeitsgesellschaften erfolgen: Auch Sie müssen in Zukunft mehr über die Person und über das Vertrauen verkaufen. Gleichzeitig stellt sich dabei die Frage, wie dieser Ansatz funktioniert und was der Vermittler dafür tun muss.

Man kann sicherlich unzählige Dinge für den Vertrauensaufbau tun. Dieses Buch beschränkt sich auf drei Aspekte, die zu beachten sind, um es später im Gespräch leichter zu haben und zügiger zum Abschluss zu kommen.

Praxistipp

Die Kunst ist, den Interessenten da abzuholen, wo er steht, und ihn dort hinzubegleiten, wohin er nicht alleine hingehen möchte.

In der ersten Phase versuche ich, drei Dinge über mein Gegenüber zu erfahren:

1. Wie trifft er seine Entscheidungen?
2. Welcher Typ ist er?
3. Welche Sprache spricht er?

4.1.1. Entscheidungen

Jeder Mensch hat im Laufe seines Lebens unterschiedliche Verhaltensweisen angenommen und Werte entwickelt, nach denen er Entscheidungen trifft. Der eine richtet sich nach dem Preis, der andere schaut auf die Qualität, ein anderer bevorzugt guten Service.

Wenn Sie nicht wissen, welche Kriterien Ihr Interessent bei seinen Entscheidungen schwerpunktmäßig anlegt, beraten Sie eventuell völlig am Bedarf vorbei. Wundern Sie sich dann nicht, wenn Sie später mit unzähligen Einwänden konfrontiert werden.

Haben Sie z. B. einen Menschen vor sich, der sich stark am Preis-Leistungs-Verhältnis orientiert, werden Sie wahrscheinlich bei einer Beratung die Kosten in den Vordergrund rücken. In meinen Trainings ist diesbezüglich oft zu hören, Kunden sei vieles zu teuer, sie seien nicht bereit, so viel Geld auszugeben usw.

In Kundengesprächen habe ich dies früher oft selbst gehört. Schließlich habe ich angefangen, den Kunden zu fragen, was für ihn denn wichtig sei, wenn er bestimmte Produkte wie z. B. ein Altersvorsorgeprodukt kauft. Und siehe da: Viele hatten den Preis überhaupt nicht im Sinn. Sie erwarteten einen guten Service, z. B. dass ihr Berater immer erreichbar ist, und ähnliche Dinge. Daraufhin habe ich in der späteren Präsentationsphase den Schwerpunkt auf genau diese Wünsche gelegt, war am Anfang dennoch verwundert, dass der Preis keine Rolle spielte.

Wenn Ihr Kunde Ihnen in der Small-Talk-Phase erzählt, dass er seit 30 Jahren jedes Jahr nach Mallorca in dasselbe Hotel fährt, können Sie mit ziemlicher Sicherheit davon ausgehen, dass er eher traditionell geprägt ist, er als keine Lust auf Abenteuer hat. Fragen Sie ihn dann noch, warum er das tut, und er antwortet darauf: „weil die Atmosphäre so angenehm ist“, wissen Sie schon sehr viel mehr als viele Mitbewerber.

Jetzt darf man nur nicht den Fehler machen, zu glauben, dass ein Mallorca Urlaub genauso gekauft wird wie ein Altersvorsorgeprodukt. Und auch ein Abenteurer, der bei allem, was er tut, den gewissen Kick sucht, und mit seiner Geldanlage dabei einmal einen Totalverlust erlebt hat, wird in diesem Bereich wohl doch auf mehr Sicherheit setzen.

Deshalb ist es wichtig, irgendwann in dieser Phase des Gesprächs zu fragen, wie der Kunde sich seine Altersvorsorge vorstellt. Im Beispiel des Mallorca-Urlaubers hieße das: „Wie stellen Sie sich den Aufbau Ihrer Altersvorsorge vor? Genau so traditionsverbunden oder ganz anders?“ Und schon sind Sie im Thema.

4.1.2. Welcher Typ ist Ihr Kunde?

Die allermeisten Versicherungsvermittler werden sich mehr oder weniger intensiv mit den vier Farbtypen rot, gelb, grün oder blau beschäftigt haben. Wer dies noch nicht getan hat, kann gerne zu einem der zahlreich dazu erschienenen Bücher greifen und eifrig die verschiedenen Farbtypen studieren.

Es gibt hierzu bessere Ansprechpartner als den Autor, die die Thematik theoretisch und wissenschaftlich untersucht haben und fundiert erklären können. Ich bin ein Praktiker und möchte in der gebotenen Kürze die aus meiner Sicht wesentlichen Dinge zusammenfassen.

Stellen Sie sich vor, vier Menschen – von jedem der erwähnten Persönlichkeitstypen einer – spielen ein Brettspiel. Der rote Typ sagt:

„Egal, wie das Spiel ausgeht, Hauptsache, ich gewinne“. Er ist jemand, der schnell zum Punkt kommen möchte, seine eigenen Entscheidungen treffen will, aber auch eine gewisse Form von Auswahl benötigt. Vom Berufsbild her kennzeichnet diese Einstellung den klassischen Unternehmer (wobei es natürlich Unternehmer aller Persönlichkeitstypen gibt). Diese Berufsgruppe dient nur zur Illustration.

Der gelbe Typ sagt: „Egal, wie das Spiel ausgeht, Hauptsache alle haben Spaß“. Er ist der Spaßvogel, der auch einmal Fünfe gerade sein lassen kann. Er vertraut sehr schnell, vergisst es aber auch wieder. Dieser Spezies schicken Sie eine E-Mail mit den Dokumenten, um zu unterschreiben; er sagt, er habe sie nie bekommen. Er will in der Regel wenig wissen, wichtig ist ihm der Spaß an der Sache. Das entsprechende Berufsbild könnte der Animateur beziehungsweise Promoter sein.

Der grüne Typ sagt: „Egal, wie das Spiel ausgeht, Hauptsache alle fühlen sich wohl“. Er ist harmoniebedürftig und hat Schwierigkeiten damit, eine Entscheidung zu treffen. Dieser Typ braucht das Gefühl der Gemeinsamkeit und stellt Ihnen oft die Frage, ob Sie Ihren Job in zehn Jahren immer noch machen wollen. Wenn er einmal Vertrauen gefasst hat, hält es lange an. Er benötigt aber Zeit dafür, es zu entwickeln. Ein passendes Berufsbild könnte das des Krankenpflegers oder der Kindergärtnerin sein.

Der blaue Typ sagt: „Egal, wie das Spiel ausgeht, Hauptsache die Regeln werden beachtet“. Er ist der Mensch für Zahlen, Daten und Fakten. Vom Berufsbild her kann es sich um einen Finanzbeamten, Lehrer oder Ingenieur handeln.

Genau hier setzt das Problem an. Wir als Vertriebler sind oft rot oder gelb dominiert und treffen auf Lehrer oder Ingenieure – und verzweifeln. Das heißt nicht, dass diese Personen schwer von Begriff oder beratungsresistent sind. Es heißt nur, dass diese Personen eine andere Schwerpunktsetzung in der Beratung brauchen.

Die einzelnen Typen sind weder als gut noch als schlecht einzuordnen. Will man aber eine Person als Kunden haben, muss man sich auf ihr System einstellen, sonst wird es schwer. Das vorgestellte Modell hilft dabei, zu verstehen, wie die Kunden „ticken“.

In der Fachliteratur über die Farben-Typologie liest man einiges über die Vielfältigkeit dieser Typen. So verhält sich etwa der Mensch im privaten Umfeld anders als im beruflichen.

Was mir bislang zu kurz kommt, ist die Tatsache, dass sich eine Person auch in einzelnen Lebensbereichen unterschiedlich verhalten kann. Man kann z. B. als Typ gelb sein, in einer Finanzberatung sich aber wie Typ blau verhalten, weil man beispielsweise bereits zwei Mal bei seiner Geldanlage einen Totalverlust hat hinnehmen müssen. Da wird dann auch der lustigste Typ skeptisch und hinterfragt Dinge, die er beim Kauf eines Autos schlicht hinnimmt.

Erfahrungsbericht

Mir hat einmal eine Kundin einen Antrag zurückgeschickt, weil ich ihre Adresse als „xxxstrasse 7" angegeben hatte. Richtig wäre aber „xxx Str. 7" gewesen. Als Gelb-Typ käme ich nie auf die Idee, dass ein Fehler gemacht worden ist. Diese Frau, Finanzbeamtin bei der Steuerfahndung, setzt aber einen anderen Schwerpunkt in ihrer Informationsverarbeitung.

Übrigens: Falls Sie sich jetzt fragen, worin denn der Fehler bestanden haben soll, gratuliere ich Ihnen. Dann sind auch Sie Ihrer Orientierung nach eher gelb strukturiert. ◀

Die Frage ist nun, wie Sie in der ersten Gesprächsphase herausfinden, auf was Ihr zukünftiger Kunde wert legt. Wieder lautet die einfache Antwort: fragen und zuhören. Eine Frage könnte sein:

Lieber Herr Müller, was muss heute passieren, damit Sie nach unserem Gespräch sagen, dass es das beste war, das Sie je über Finanzen geführt haben? Wollen wir schnell zum Punkt kommen oder sollen wir uns locker unterhalten und ich erledige dann den Rest für Sie? Wollen wir eine gemeinsame Lösung erarbeiten oder sollen wir uns auf die Zahlen, Daten und Fakten konzentrieren?

Vielleicht erhalten Sie auch bereits die erhellende Antwort, wenn Sie einfach fragen, was Ihr Kunde benötigt, um sich so wohl zu fühlen, so dass es zu einem Vertragsabschluss kommt. Leider wissen es Kunden oftmals aber nicht, weshalb wir ihnen vorneweg eine gewisse Auswahl präsentieren müssen.

Diese taktische Einstellung auf den Gesprächspartner fällt manchen schwer. Immer wieder höre ich in Trainings, dass man sich nicht verstellen möchte, wenn man es mit einem gegensätzlichen Typus zu tun hat. Ich vergleiche das dann gerne mit einer Fremdsprache. Wenn Sie einem Franzosen etwas verkaufen wollen, ist es extrem hilfreich, wenn Sie zumindest ein bisschen die französische Sprache beherrschen. Sie werden darin definitiv nicht so gut sein, wie ein Muttersprachler, das verlangt auch niemand.

Mit der Farbtypologie ist es ähnlich. Wenn Sie ein Gelbtyp sind und einen roten Typ vor sich haben, hilft es, wenn Sie sich ein bisschen mehr auf diese „Sprache" einlassen.

Im Laufe der Zeit habe ich allerdings auch festgestellt, dass es sehr anstrengend sein kann, sein Gegenüber einem genauen Typ zuzuordnen. Denn manchmal changieren Personen auch und wechseln sprunghaft von einem Typus zum anderen. Deshalb habe ich es mir angewöhnt, nicht mehr bewusst auf die Einordnung zu achten, sondern zuzuhören und zu beobachten, wie der Kunde spricht. Seine Art und Weise zu denken und zu argumentieren, versuche ich dann im weiteren Verlauf des Gesprächs aufzugreifen.

Wenn der Kunde z. B. relativ wortkarg ist und immer wieder schnell zum Punkt kommt, werde ich in meiner Präsentation ebenfalls versuchen, mich ohne Ausschweifungen auf das Wesentliche zu beschränken. Ob der betreffende Kunde wirklich ein roter Typ ist oder aus anderen Gründen in Finanzdingen dessen Verhaltensweise an den Tag legt, ist in dem Moment egal.

Als Vermittler will ich kein Therapeut sein, der die Lebensgeschichte seines Kunden zerlegt. Es soll dem Kunden nur einfach gemacht werden, sich die Informationen, die er zum Unterschreiben braucht, leicht verständlich anzueignen.

Hier zeigt sich zugleich, wie eine große Einwand-Falle vermieden werden kann. Wer relativ gut das Persönlichkeitsmuster des Kunden erkennt und dementsprechend präsentiert, wird wenige Einwände bekommen. Wer einem eher vertrauensseligen gelben Typen ein Faktum nach dem anderen um die Ohren haut, muss sich später nicht wundern, wenn der tolle Satz kommt: „Das muss ich mir noch überlegen.“ Der Kunde hat einfach zu viel Input erhalten.

4.1.3. Welche Sprache spricht Ihr Kunde?

Zum dritten Merkmal, das ich benötige, um die Persönlichkeit des Kunden besser zu verstehen und um dies später im Sinne des Kunden zu benutzen, gehören sein Sprachstil und seine Wortwahl.

Praxistipp

Bei jedem Wort, das der Kunde nicht versteht, setzt er innerlich ein Fragezeichen. Ab einer gewissen Anzahl an gesammelten Fragezeichen formuliert er dann den Satz: „Das muss ich mir noch einmal überlegen". Da ich nicht weiß, wann er ein Fragezeichen setzt und wie niedrig seine Toleranzschwelle ist, muss ich im Gespräch möglichst wenig Fragezeichen provozieren.

Diese Erkenntnis ist mir irgendwann gekommen, als mir wieder ein Auftrag geplatzt ist und weder mir noch dem Kunden deutlich war, woran der Abschluss gescheitert ist. Bei einer Analyse ist mir dann klar geworden: Der Kunde hat überhaupt nicht verstanden, worüber ich gesprochen habe. Wir hatten völlig aneinander vorbei geredet bzw. seine Festplatte war bereits voll, bevor er eine Entscheidung treffen konnte. Das gute Gefühl in Bezug auf seinen Berater hat nicht ausgereicht, um zu unterschreiben.

Der Kunde selbst wusste auch nicht genau, warum es so war. Leider fragen die wenigsten Kunden nach, wenn sie etwas nicht verstehen. Vielleicht tun sie es zu Beginn der Beratung, zwei oder drei Mal. Dann nehmen sie die Informationen einfach auf und sammeln innerlich Fragezeichen.

Jede Person hat aufgrund ihrer Erziehung und Bildung einen eigenen Sprachschatz entwickelt, der mit Bildern, Emotionen und Erfahrungen gespickt ist. Alles, das darin nicht vorkommt, muss vom Gehirn mit neuen Bildern und Emotionen verknüpft werden.

Diese Abläufe kosten im wahrsten Sinne des Wortes Speicherkapazität und die fehlt irgendwann, um eine positive Entscheidung zu fällen. Dann kommt wieder der Satz, zu dem in diesem Moment alle greifen: „Das muss ich mir noch mal überlegen".

Ein Beispiel für diesen Sachverhalt: Eine Kundin antwortete mir auf die Frage, wie ihre Geldanlage angelegt sein soll, sie möge es nicht, eingesperrt zu sein. Das ist ihre Formulierung zum Thema tägliche Verfügbarkeit.

Jetzt kann ich der Kundin in der Präsentation das Angebot auf den Tisch legen und mehrmals erzählen, dass sie jeden Tag Zugriff auf ihre Anlage und damit tägliche Verfügbarkeit hat. Was muss ihr Gehirn dann leisten? Es muss das Wort „Verfügbarkeit" in ihren Sprachgebrauch übersetzen. Dieses Bemühen provoziert zunächst ein Fragezeichen; es kostet Energie, das Wort zu übersetzen.

Je weniger Vertrauen in solch einem Moment zum Vermittler besteht, umso früher wird der Kunde aufgeben und nichts unterschreiben. Deshalb notiere ich mir nicht nur die Wünsche des Kunden, sondern dieses auch genau in der von ihm genutzten Sprache.

Zu einem späteren Zeitpunkt kann ich dann das Angebot auf den Tisch legen und sagen: „Schau mal, bei dieser Anlage bist du nicht eingesperrt. Du kannst ran, wann immer du willst". Die Formulierung muss sich für uns Vermittler oder Finanzberater weder logisch, noch schön oder passend anhören. Die Aussage muss für den Kunden schlüssig sein.

Ein weiteres Beispiel: In einem anderen Fall sagte mir ein Kunde, dass „in der Geldanlage Musik drin sein soll, die aber bis zum Ende spielen soll".

So etwas notiere ich sofort. Der Satz war seine spezielle Art und Weise, auszudrücken, dass er eine gute Rendite haben will und das Langlebigkeitsrisiko absichern möchte. Derart sollte ich es aber nicht ausdrücken, sondern genauso, wie er es formuliert hat.

Ich hoffe, Sie können mit der ersten Phase des Gespräches jetzt mehr anfangen und wissen nach diesen Ausführungen, wozu diese gut ist. Je länger diese Phase anhält, umso kürzer wird es in den nächsten. Vorausgesetzt, Sie entwickeln sich in folgenden Phasen nicht mit einem Mal zum Dauerredner.

4.2. Analyse – Disqualifizierung und mentale Hygiene

Im Laufe des Verkaufsprozesses wird es zur Frage kommen, was der Kunde für seine Altersvorsorge tun möchte. Auch hier hat sich im Laufe meiner Vertriebstätigkeit ein Gesprächsmuster entwickelt, das in verschiedenen Formen genutzt werden kann. Wie bei den Farbtypen, will ich die Darstellung so einfach wie möglich halten. Mussten doch auch meine Geschäftspartner möglichst schnell selbstständig in den Verkauf gebracht werden und ein System haben, das sie einfach umsetzen konnten.

Im Groben sind es fünf Fragen, auf die das System baut. Je nachdem, wie erfolgreich man damit ist, kann man sie noch durch die eine oder andere Frage ergänzen.

► 1. Was ist Ihnen wichtig, geht es um eine Altersvorsorge?

Diese Frage stellen wahrscheinlich die meisten Berater. Bei ihrer Beantwortung gibt es zwei unterschiedliche Gruppen von Menschen. Die einen reden los und erzählen, was sie sich alles vorstellen.

Die anderen zucken mit den Schultern nach dem Motto: Sie sind doch der Experte, erzählen Sie doch mal. Dann muss man gemeinsam mit dem Kunden erarbeiten, was wichtig ist (Stichwort Lücke schließen, Inflation usw.). In diesem Fall können Sie einiges aus den Geschichten vorziehen, die nachfolgend präsentiert werden.

Im Falle eines redseligen Kunden schreibe ich alles auf, was dieser mir erzählt, völlig egal, wie widersprüchlich das Erzählte erscheinen mag. Viele Vermittler gehen an dieser Stelle schon in die Diskussion und erklären, welche Lösung sinnvoll ist und welche nicht. Meiner

Ansicht nach ist der Bericht des Kunden ein Brainstorming, vergleichbar mit einem Wunschzettel eines Fünfjährigen. Der schreibt auch erst einmal alles auf – wohlwissend, dass er nicht alles geschenkt bekommen wird.

Dieser Prozess des Zuhörens und Aufschreibens fällt immer noch in den Bereich Vertrauen aufbauen. Deswegen ist Zurückhaltung geboten. Äußert der Gesprächspartner eine Vorstellung und ich erwidere sogleich, dass es das gar nicht gibt, verschließt er sich vielleicht und der Abschluss wird in dieser Sekunde unmöglich. Leider erzählt er es uns erst ein bis zwei Stunden später.

Mir hat einmal ein Teilnehmer meiner Trainings erzählt, dass er sich, nachdem er 20 Jahre einen Renault Espace gefahren ist, überlegt hat, auf einen Ford Galaxy umzusteigen. Im Prinzip hatte er sich schon so weit informiert, dass er nur einmal zur Probe fahren wollte und dann kaufen würde. So marschierte der Mann in ein Autohaus und fragte einen Ford-Verkäufer, ob er einmal den Ford Galaxy probefahren dürfe und jener ihm ein gutes Angebot machen würde. Denn er möchte einen solchen Wagen kaufen.

Der Kunde hatte gedanklich bereits unterschrieben, einen einfacheren Kunden kann sich ein Verkäufer nicht wünschen.

Der Verkäufer fragte den Kunden, welches Auto er denn bisher gefahren habe? Die Antwort war „Renault Espace". Darauf erwiderte der Verkäufer, dass das Autohaus einen Renault nicht in Zahlung nehmen würde. Der Kunde war dann so verärgert, dass er ohne Probefahrt das Autohaus verlassen hat.

Was geht in so einem Verkäufer vor? Das Problem hätte man auch am Ende des Gespräches kurz vor Unterschrift charmant erledigen können. Zudem bin ich der Überzeugung, dass ein Verkäufer die Probleme seines Kunden lösen sollte und der Verkauf des Altfahrzeuges gehört natürlich dazu.

Bei mir beispielsweise kam es einmal ebenfalls dazu, dass das Autohaus, an das ich mich gewandt hatte, meinen alten Wagen nicht zurückgenommen hat. Der Personenkraftwagen wurde aber direkt an einen Zwischenhändler verkauft und ich war das Auto los. Deshalb: Wenn Sie bei der Aufnahme der Wünsche Ihres Kunden sind, widersprechen sie nicht direkt, auch wenn er zehn Prozent Verzinsung und eine Kapitalgarantie haben möchte. Zuerst wird wertfrei notiert und später können Sie ihm immer noch erklären, warum das in dieser Kombination nicht funktioniert. Und bitte nicht gleich zu Beginn des Gesprächs.

► 2. Was verstehen Sie unter...?

Das ist eine Frage, die meiner Meinung nach im Verkaufsgespräch zu kurz bis gar nicht vorkommt. Sie spielt aber einen entscheidenden Part in dessen zweiten Phase.

Stellen Sie sich folgende Situation vor: Ein Mann und seine Ehefrau fahren auf der Autobahn in den Urlaub. Im Laufe der Fahrt fragt die Frau ihren Mann: „Schatz, willst du einen Kaffee?“. Da Männer im Allgemeinen nicht bekannt sind für überschwängliche und ausufernde Kommunikation, denkt er sich im Stillen: Nein. Reden bzw. Antworten wäre an dieser Stelle zu viel verlangt.

Der Mann fährt weiter, bis er auch an der Ausfahrt zum Rasthof vorbeifährt. Seine Frau wird rot im Gesicht, leichte Wut breitet sich aus und sie raunzt ihn an. „Warum fährst du nicht raus?“. Er ist völlig verwirrt und weiß nicht, was er falsch gemacht hat. Sie, etwas lauter: „Ich wollte doch einen Kaffee.“

Der Mann hat die ganze Situation, die zuvor stattgefunden hat, schon wieder vergessen. Jetzt fällt ihm das Gespräch wieder ein und er kontert. „Das hast du nicht gesagt“. Sie, etwas giftig: „Doch“.

Kennen Sie solche Art der Kommunikation? Die Frau mag in diesem Beispiel etwas schlecht weggekommen sein, es gibt jedoch genug andere Beispiele, in denen auch der Mann seine Fehler macht. Diese Geschichte soll einfach zeigen, wie schwer es ist – sogar in Partnerschaften –, sicherzustellen, dass beide das Gleiche meinen. In Beziehungen gibt es dann Streit. In Kundengesprächen keinen Umsatz.

Nachfolgend nun ein weiteres Beispiel aus einem Kundengespräch über die Langfristigkeit der Altersvorsorge: Ihr Gegenüber sagt „Das Geld soll sicher angelegt sein“. In derselben Sekunde passiert im Gehirn eines Maklers Folgendes: Das Wort wird mit all den damit verbundenen Emotionen und Erfahrungen im Gehirn abgeglichen, in kürzester Zeit werden eine Bewertung vorgenommen und ein Vorschlag ausgearbeitet. Ob der aber das trifft, was Ihr Kunde möchte, ist reine Spekulation und gleicht einem Stochern im Nebel.

Stellen Sie sich vor, es ruft Sie eine Interessentin an, 30 Jahre alt. Sie will langfristig regelmäßig 500 Euro sparen. Sie packen Ihre Unterlagen, suchen eine gute Fondspolice aus und rechnen auf dem Weg zu Ihrer zukünftigen Kundin schon einmal die Bewertungssumme sowie die Provision aus.

Dort angekommen, legen Sie alles auf den Tisch und wundern sich dann, warum die Kundin nicht unterschreibt. Diese behauptet, sie wolle etwas Langfristiges und nichts für die Ewigkeit. Sie kontern, dass das doch langfristig wäre usw. Sie beide reden auf zwei völlig verschiedenen Ebenen miteinander und vor allem aneinander vorbei. Denn für die Kunden ist langfristig vielleicht nur fünf Jahre oder manchmal noch kürzer.

▶ Erfahrungsbericht

Ich hatte immer den Eindruck, dass meine Kunden Garantiefonds bevorzugen. Gesagt haben sie Sicherheit, interpretiert habe ich dies als Garantiefonds.

Bis mir einmal fast der Kragen geplatzt ist und ich fast schon entnervt in einer Beratung gefragt habe, was mein Gesprächspartner denn genau unter Sicherheit verstünde. An seine Antwort erinnere ich mich, als wäre es heute gewesen: „Das Geld soll nicht in Amerika angelegt sein". Zack, das saß. Vor ein paar Wochen meinte ein Interessent auf dieselbe Frage: „Das Geld soll in Aktienfonds liegen". Wegen der Sicherheit.

Eine Maklerin aus dem Raum Bielefeld fragte in einem Training, was wir unter „langfristig" verstehen. Von zehn bis 30 Jahren war alles dabei. Allein, unter Finanzberatern macht das einen ziemlich großen Unterschied. Die Maklerin berät nur Frauen und sagte, dass in ihrem Kundenkreis „langfristig" ein Jahr bedeute. ◀

Wir alle verstehen unter den Begrifflichkeiten Sicherheit, langfristig, später, nicht zu viel sparen, gute Rente usw. völlig unterschiedliche Dinge. Damit Sie als Vermittler aber ein passgenaues Konzept erstellen und dem Kunden das Gefühl geben können, dass er genau das bekommt, was er will, müssen Sie alle Aspekte zur oben vorgestellten Frage Nummer eins solange hinterfragen, bis Sie sich sicher sein können, dass Kunde und Berater dasselbe meinen. Nur dann zeigt Ihr Konzept, das in der dritten Phase des Gespräches präsentiert wird, Wirkung. Schlüssig und auf die Bedürfnisse des Kunden hin zugeschnitten.

Die Mehrheit der Vermittler hat sich allerdings aus bestimmten Gründen für wenige Fonds und meist noch weniger Fondspolicen entschieden. D. h., die meisten Kunden erhalten nach einer Beratung sehr ähnliche Produkte. Der eine Kunde schließt aber wegen der Sicherheit ab, der andere wegen der Verfügbarkeit, der dritte Kunde wiederum wegen der Qualität.

Das Schöne an Rhetorik ist, dass alles von verschiedenen Seiten betrachtet werden kann. Die Kunst besteht darin, den Kunden zu verstehen und zu 100 Prozent sicherzugehen, was er meint.

Daher ist die eingangs erwähnte Frage Nummer zwei so entscheidend. Denn nur dann können Sie weitermachen und Ihre Produkte auch kundenorientiert vermitteln. In der Regel hat der Kunde nach Frage zwei bereits gekauft – weil er das Gefühl hat, dass sich endlich einmal ein Verkäufer tiefer gehend für ihn interessiert und solange nachfragt, bis alles korrekt auf dem Tisch liegt.

An dieser Stelle folgt in meinen Schulungen immer der Einwand, dass das hier vorgestellte Vorgehen eine Art Ausfragen wäre. Doch dieser Eindruck entsteht nur im Kopf des Versicherungsvermittlers. Ich selbst hatte noch keinen Kunden, der dies so empfunden hat. Im Gegenteil, bisher haben sich alle wohlgefühlt. Die Befragung muss natürlich aus dem Gesprächsfluss heraus entstehen und darf nicht wie ein Verhör wirken. Darin besteht die Kunst.

Aus meiner Sicht ist diese Frage nach dem Kundenverständnis die wichtigste Frage in einem Verkaufsgespräch, will man spätere Einwände verhindern. Zudem machen Sie dem Kunden die Entscheidung leichter, wenn Sie später im Verkaufsprozess nur das präsentieren, was er wirklich möchte, und wenn Sie nicht zu viel über Dinge reden, die er erst wieder umständlich verarbeiten muss. Vor allem aber können Sie selbst sich mit der genauen Kenntnis über Ihren Kunden exakt auf das konzentrieren, was er braucht. Schneller und kundenfreundlicher können Sie nicht zum Abschluss kommen.

► 3. Welche drei Punkte haben die oberste Priorität?

Man wird wahrscheinlich nicht auf alle Antworten, die nach der ersten Frage gesammelt werden, in der späteren Präsentation eingehen wollen. Wenn deren Zahl aber nicht eingegrenzt wird, kommt man später nicht umhin, sich mit allen zu beschäftigen. Es macht also Sinn, die Ideensammlung an dieser Stelle des Verkaufsgesprächs auf drei Hauptpunkte zu konzentrieren.

In dieser Situation kann es passieren, dass sich die gewählten Punkte gegenseitig widersprechen. Beispielsweise kann der Kunde sagen, er wünsche sich in seiner Anlage zehn Prozent garantierte Verzinsung, dazu tägliche Verfügbarkeit und 100 Prozent Garantie. Dann liegt es am Vermittler, gemeinsam mit seinem Gesprächspartner zu erarbeiten, was Sinn ergibt und was nicht. Nach dem Motto: Alles geht nicht.

Auf wie viel Sicherheit wäre der Kunde bereit zu verzichten, um in der Folge die Rendite zu erhöhen? Oder man stellt die Frage, wie er auf die von ihm erwähnten zehn Prozent kommt und wo er darüber gehört hat. Auch in solchen unvereinbaren Fällen diskutiere ich nicht, sondern stelle zuerst Fragen, die der Kunde wahrscheinlich nicht beantworten kann. Damit unterstreiche ich meine Kompetenz und erhöhe die Wahrscheinlichkeit, dass er mir zuhört und im Anschluss meine Ideen akzeptiert.

► 4. Warum wollen Sie diese Punkte verwirklicht sehen?

Hier geht es um nichts anderes, als die Frage Nummer drei in ihrer ganzen emotionalen Spannbreite zu erfassen. Ich erfrage die Hintergründe, die Wünsche und Sehnsüchte, die sich hinter der nüchternen Beratung und der schnöden Euro-Zahl verbergen.

Auf den beiden zuletzt genannten Fragen beruht letztlich auch mein Konzept in der Präsentation. Eingangs erwähnte ich bereits, dass ich dem Kunden in der Präsentationsphase nur dazu etwas erzählen möchte, das er in der zweiten Phase des Gesprächs als Anforderung gebracht hat.

Da mich in dieser Phase noch nie jemand gefragt hat, wie Bewertungsreserven funktionieren, was Solvency II ist oder ähnliche Dinge, muss ich diese Punkte auch nicht wirklich im Detail erläutern. Jeder, der mehr und es noch genauer wissen will, kann es im Protokoll nachlesen, und dann auch alles nachfragen. In den meisten Fällen überfordern wir unsere Gesprächspartner.

► 5. Wenn ich diese Punkte für Sie erfülle bzw. wir zusammen Ihre Wünsche erarbeiten, kommen wir dann ins Geschäft?

Jetzt ist es raus. Wieder so ein „Strukki“, der die berühmte Vorabschlussfrage zu einem Zeitpunkt stellt, an dem der Gesprächspartner noch überhaupt nichts weiß.

Ja, genau das tue ich. Ich empfinde es auch als natürlich und aus heutiger Sicht wirtschaftlich notwendig. Den meisten Vermittlern ist diese Haltung ein Dorn im Auge. Die Frage gilt als derart vom Strukturvertrieb verseucht, dass man sich nicht damit beschäftigt. Andere wiederum sagen, dass sie Berater, nicht Verkäufer seien. Lassen Sie mich die Frage aus zwei verschiedenen Perspektiven beleuchten.

Natürlichkeit

Wenn ein Kind aus der Schule kommt, stellt es häufig die Frage: „Darf ich spielen?“. Die Antwort eines verantwortungsvollen Elternteils lautet: „Hast du deine Hausaufgaben gemacht?“. Der Blick des Kindes sagt alles. Das Elternteil ergänzt: „Mache bitte deine Hausaufgaben“. Daraufhin kommt von nahezu allen Kindern folgende Nachfrage (etwas, das ich mir von Eltern aus Flensburg bis Rosenheim habe bestätigen lassen):

„Wenn ich die Hausaufgaben gemacht habe, darf ich dann spielen?“. Was ist das? Eine klassische Vorabschlussfrage. Das Kind ist ja nicht blöd. Nachher fällt seinen Eltern wohlmöglich noch ein, dass es sein Zimmer aufräumen oder den Müll hinuntertragen oder etwas einkaufen soll. Das Kind fragt vorher nach, um den nachfolgenden Prozess zu klären und eine klare Handlungsweise festzulegen.

Wenn Sie dennoch etwas anderes erledigt haben wollen, wird sich das Kind mehr oder weniger beugen oder aber mit Ihnen diskutieren. Und spätestens am Ende der Diskussion erneut fragen: „Wenn ich das und das gemacht habe, darf ich dann spielen?“. Sie kennen das Prozedere.

Wenn ein Kind diese Klärung beherrscht, warum ist es für uns Verkäufer oftmals so schwer? Meistens nur deshalb, weil man befürchtet, dass der Kunde nein sagt. Genau hier zeigt sich das Geniale des Systems. Sie können nach dieser Frage das Gespräch beenden und sich um wirkliche Interessenten kümmern. Oder Sie können verhandeln, haben dabei aber noch alle Trümpfe in der Hand.

Nicht auszudenken, Sie hätten am Ende der Präsentationsphase nichts mehr in der Hinterhand, das Sie als gutes Argument anbringen können. Sie sind in dieser Situation der deutlich Stärkere. Wenn Sie am Ende der Präsentation in eine Diskussion geraten, sind Sie der Schwächere, weil Sie so gut wie nichts mehr ergänzen bzw. die Spannung nicht halten können. Dann nimmt der Interessent Ihr Konzept und vergleicht es mit dem eines anderen Verkäufers.

Notwendigkeit

Wie lange benötigen Sie für die Konzeption einer Produktlösung, die Fahrt zum Zweittermin sowie die Durchführung des Zweittermins? Bestimmt einige Stunden. Und am Ende all dessen sagt der Gesprächspartner, dass er sich die Sache noch einmal überlegen müsse und vorher jemand anderes fragen wolle.

Jetzt sind Sie in einer Situation, über die keiner sagen kann, dass sie Spaß macht. Es ist eine typische Bittsteller- oder sogar Bettlersituation. Wichtig ist aber, dass Sie bestimmen, wie das Gespräch abläuft. Sie sind derjenige, der sagt, wohin es geht. Sie sind der Experte. Und

Sie sollten nicht bereit sein, ein Konzept „ins Blaue hinein" zu schreiben. Ein Konzept, von dem Sie nicht wissen, ob es der Gesprächspartner überhaupt umsetzen will.

Frage fünf ist eine klassische Disqualifizierungsfrage, die zeigt, ob Ihr Gegenüber bereit ist, etwas zu verändern, vielleicht nur Langeweile hat oder das Lösungskonzept an anderer Stelle zu einem günstigeren Preis abschließen will. Um derart ausgespielt zu werden, haben Sie zu viel Know-how. Sie sollten es sich nicht gefallen lassen.

Darüber hinaus werden Sie erleben, dass über 80 Prozent mit einem Ja auf die ihnen gestellte Frage antworten. Mit den anderen Interessenten, die mit einem Nein oder einem Einwand antworten, können Sie danach diskutieren oder verhandeln. Oder Sie lassen es einfach. Dabei sparen Sie eine Menge Zeit.

Erinnern Sie sich noch an den erfolgreichen Verkäufer mit der 80-Prozent-Quote, der einige Buchabschnitte zuvor vorgestellt worden ist? Er beendete genau an dieser Stelle ein Gespräch und kümmerte sich um neue Interessenten. Ein weniger erfolgreicher Verkäufer würde versuchen, im Zweittermin die skeptische Person doch noch zu überzeugen. Sie will aber gar nicht. Der Verkäufer läuft dabei in Gefahr, auszubrennen. Deshalb kann ich Ihnen nur ans Herz legen, die zuletzt aufgeführte Frage probeweise anzuwenden und zu einem Teil Ihres Verkaufsprozesses zu machen.

Es gibt Elektromärkte, die fünf Euro für die Beratung verlangen, sollte der Beratene letztendlich nicht kaufen. Diese Haltung ist als Reaktion auf die durch das Internet getriebene Wettbewerbsentwicklung zu sehen. Der Kunde lässt sich beraten und kauft dann bei jemand anderem.

Manche Makler agieren inzwischen auf ähnliche Weise. Die Entwicklung eines Konzepts kostet beispielsweise 500 Euro, bei Umsetzung entfällt dieser Posten. In einer Zeit, in der immer mehr Endkunden der Meinung sind, Beratung sei kostenlos zu haben, muss der Vermittler etwas rigoroser vorgehen und frühzeitig erkennen, wie ernsthaft die Absichten des Gegenübers sind.

Die meisten Menschen sind ja nett und ehrlich. Sie werden es auch in der Vorabschlussfrage genauso kommunizieren. Alle anderen

Gespräche gehören spätestens an dieser Stelle beendet. Die ganz mutigen Vermittler stellen die Vorabschlussfrage bereits zu Beginn des Gespräches, um gleich die Vorgehensweise zu erläutern. Sie zeigen, dass sie da sind, um ein ehrliches Gespräch zu führen, und nicht nur zum Plaudern. Für den Beginn kann man diese Frage auch am Ende der zweiten Gesprächsphase stellen und sich dann vortasten.

An dieser Stelle möchte ich Ihnen eine Frage stellen: Sind Sie Verkäufer oder Berater? Immer wieder höre ich von Maklern, aber auch aus der Ausschließlichkeit, dass sie nur beraten und nicht verkaufen. Aus meiner Sicht ist das eine Irreführung des Kunden.

Wenn Sie wirklich beraten und Ihnen wirtschaftlich egal ist, ob und was der Kunde kauft, dann sind Sie ein Berater. Da das wirtschaftlich nicht lange gut geht, müssen Sie sich bei diesem Ansatz letztendlich pro Stunde bezahlen lassen, wie ein Therapeut oder Handwerker.

Weil die meisten Kunden diese Honorare bis heute nicht zahlen wollen, leben Sie von dem Abschluss der angebotenen Produkte. D. h., Sie verdienen Geld, wenn Sie ein Produkt verkaufen. Deshalb sind Sie in den Augen des Kunden ein Verkäufer. Punkt.

Da wir alle wissen, dass das Berufsbild des Finanzberaters oder Vermittlers nicht das Beste ist, versuchen viele, dieser Berufsbezeichnung auszuweichen. Letztens, vor einem Training saß ich mit einem Kollegen gemeinsam in einer Hotelsauna, dort befand sich eine weitere Person. Da vor dem Hotel bestimmt 20 Autos eines bestimmten Versicherers parkten, konnten wir ziemlich sicher sein, dass dieser Mann für eben diesen Versicherer tätig war.

Mein Freund begann mit dem Herren ein Gespräch: „Sie sind bestimmt auch ein Versicherungsverkäufer". Der derart angesprochene Mann baute sich auf und konterte, dass er kein Verkäufer sei. Er berate seine Kunden lediglich und wir wüssten ja gar nicht, wie viele Qualifikationen man inzwischen bräuchte, um Kunden rechtskonform beraten zu können usw. Er sang eine Rechtfertigungsarie, wie ich es selten erlebt habe.

Dabei ist mir einiges aufgefallen. Wieso hat der Mann uns nicht einfach gefragt, mit was wir uns beschäftigen? Dann hätte er sich den ganzen Monolog ersparen können. Schließlich war die Chance ziemlich groß, dass diese Frage unter der Woche in einem Tagungshotel von einem Kollegen aus der Branche gestellt wird.

Es ging übrigens noch weiter. Mein Freund erwiderte: „Haben Sie am Anfang das Jahres ein Umsatzvorgabengespräch oder ein Beratungsvorgabengespräch? Wenn Sie nämlich Umsatzzahlen liefern müssen, sind Sie ein Verkäufer und kein Berater". Ich weiß nicht warum, aber der arme Mann stand in diesem Moment auf und verließ die Sauna.

Ich liebe es, Verkäufer zu sein. Das sollten Sie auch einmal probieren. Es macht das Leben viel einfacher und vor allem stellen Sie dann die besagte oben formulierte Frage viel entspannter.

4.3. Präsentation

Nach dem hier beschriebenen System der Gesprächsführung werden Sie wahrscheinlich wesentlich länger brauchen, um zur Konzeptpräsentation zu gelangen als bisher.

Wie schaffen Sie es, dass das komplette Gespräch deutlich kürzer wird? Indem Sie ab jetzt hauptsächlich nur auf diejenigen Punkte eingehen, zu denen Ihr Kunde etwas wissen will. Und vor allem, indem Sie diese Informationen in die Worte verpacken, die der Kunde erkennt und die er verarbeiten kann.

Meine Empfehlung ist, dass ein Vermittler sein Konzept erst einmal einem Zwölfjährigen erklärt. Der Vorteil dieser Übung ist, dass Gesprächspartner in diesem Alter noch ein ehrliches Feedback geben und offen sagen, dass sie nichts verstanden oder keine Lust mehr haben. Der normale Kunde tut das nicht. Er schaltet einfach ab und unterschreibt nicht.

Bevor Sie nach dem Kundengespräch nach Hause gehen, ein Konzept erarbeiten und mit einer Lösung wiederkommen, sollte sich der Interessent i. d. R. klar darüber sein, dass Sie eine Fondslösung präsentieren werden, die er wahrscheinlich noch nie abgeschlossen hat und nicht kennt. Deshalb muss erst der Bedarf geweckt werden, damit Ihr Gegenüber auch Lust hat, Fonds zu kaufen. Er muss mögliche Schwankungen, Risiken und Kosten akzeptieren, verstehen und begreifen, dass er auf einem anderen Weg keine Chance hat, finanziell auf die Erfolgsspur zu kommen.

4.3.1. Geschichten, die zum Ziel führen

Die nachfolgenden Geschichten dienen dazu, dem Gesprächspartner auf einfache Art und Weise zu erläutern, wie Fonds und die Altersvorsorge funktionieren. Sie erklären, warum er entsprechende Produkte braucht, dass Schwankungen normal sind und, selbst wenn später weniger herauskommen sollte als einbezahlt, andere Anlagemöglichkeiten auch nicht viel besser sind.

Wie viel davon und vor allem wann man die Geschichten einsetzt, bleibt dem einzelnen Vermittler überlassen. Rechtlich gesehen, müssen Kunden auf alle möglichen Risiken hingewiesen werden. Ich selbst habe aber nirgends gelesen, wie umfangreich und in welcher Form dies zu geschehen hat.

Die eine oder andere der nachfolgend vorgestellten Geschichten dient ebenso dazu, Menschen zu interessieren, sei es auf einem Fachvortrag oder im Rahmen einer Finanzberatung. Gleichzeitig können diese Geschichten auch zu Beginn der zweiten Gesprächsphase eingebracht werden – dann, wenn der Gesprächspartner noch nicht weiß, was er überhaupt will.

Die in den Erzählungen aufgeführten Kundenaussagen dienen zur Illustration und kommen in meiner Beratungspraxis in der Regel auch in dieser Form vor. Es handelt sich um folgende Erzählungen:

1. das Besteck,
2. die 72er-Regel,
3. der Weg des Geldes,
4. der Tagesablauf,
5. das Fußballfeld,
6. Inflation,

7. die Badewanne,
8. Rentenbescheid und Lücken schließen,
9. die Rentenlücke plastisch machen.

1. Das Besteck

Diese Geschichte eignet sich sehr gut, um in ein Gespräch einzusteigen oder auch für ein Netzwerktreffen, wenn es darum geht, Neugierde auf einen Termin zu wecken. Um sie zu erzählen, benötigen Sie einen großen Löffel, eine große Gabel, ein Messer und am besten noch einen kleinen Löffel und eine kleine Gabel. Wenn Sie es auf die Spitze treiben wollen, besorgen Sie auch eine Tafel Schokolade.

Legen Sie das Besteck (die Schokolade halten Sie noch im Koffer oder in Ihrer Tasche zurück) vor Ihrem Gegenüber auf den Tisch. Beginnen Sie mit folgender Ansprache:

Vermittler: Herr Müller, wenn wir heute Abend zusammen ein Abendessen vorbereiten wollten, welches Besteck wäre dann wohl das geeignetste?

Kunde: Keine Ahnung bzw. es kommt darauf an.

Vermittler: Richtig. Es kommt darauf an, was es zum Essen gibt. Eine Suppe können Sie nur schwer mit einem Messer essen. Genauso schwierig wird es sein, ein Steack mit einem Löffel zu essen. *(Jetzt holen Sie die Schokolade hervor.)*

Und manchmal kann es auch sein, dass gar nichts ideal passt, und dann ist es das Beste, Sie benutzen Ihre Hände. *(Jetzt öffnen Sie die Verpackung und brechen ein Stück Schokolade ab.)*

Beim Geld und bei der Altersvorsorge verhält es sich genau so. Es gibt viele Möglichkeiten, Geld anzulegen. Aber nicht jede passt zu Ihren Wünschen. Mein Job ist es, herauszufinden, was Sie gerne essen, sprich wie Sie gerne vorsorgen würden, und danach suche ich für Sie die passende Geldanlage und Vorsorge heraus. Wollen wir das so angehen?

2. Die 72er-Regel

Vermittler: Herr Müller, kennen Sie die 72er-Regel? Das ist eine mathemathische Formel, die besagt, wie lange Ihr Geld braucht, um sich zu verdoppeln: 72:Zins = Zeit.

D. h., wenn Sie ein Prozent Zinsen bekommen, dann lautet die Formel: 72:1 = 72.

Ihr Kapital benötigt also 72 Jahre, bis aus beispielsweise 10.000 Euro 20.000 Euro werden. Bei zwei Prozent sind es dann 36 Jahre, bei vier Prozent 18 und bei sechs Prozent zwölf Jahre.

Wie viel Prozent hätten Sie denn gerne in der Zukunft?

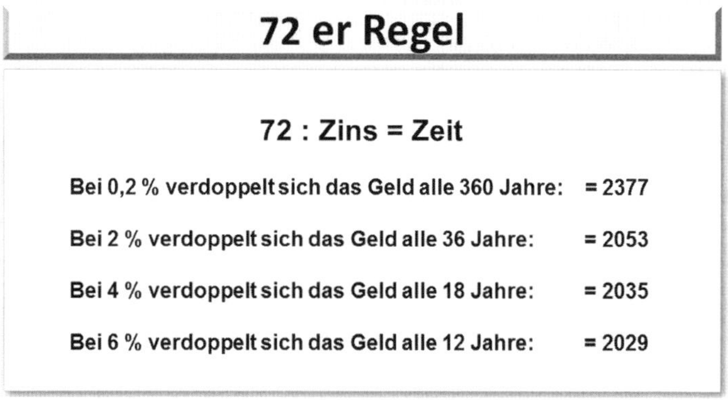

Grafik: ©die Bayerische/udo Kerzinzger

Wenn jetzt der Einwand kommt, dass dies doch nicht garantiert sei, können Sie mit der nachfolgend aufgeführten Geschichte weitermachen. Die unter Punkt zwei vorgestellte Story dient vor allem dazu, dass sich Ihr Kunde öffnet und realisiert, dass mit einem Prozent Zinsen nichts zu gewinnen ist.

3. Der Weg des Geldes

Vermittler: Herr Müller, wenn Sie langfristig Geld anlegen, wo gehen Sie in der Regel hin?

Kunde: Zur Bank oder zur Versicherung.

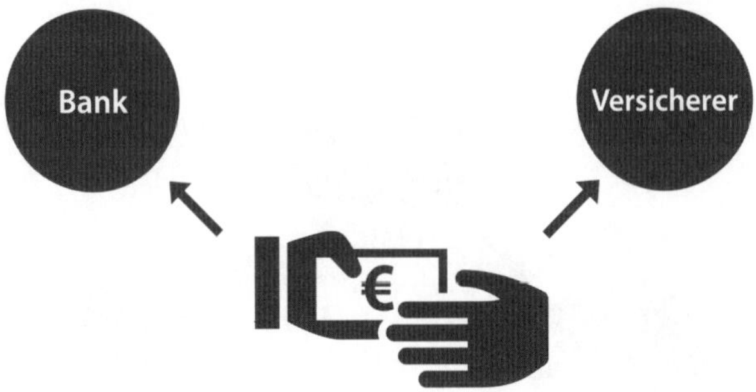

Vermittler: Genau, und wie viel Zinsen bekommen Sie derzeit auf Ihr Geld?

Kunde: Null bis ein Prozent.

Vermittler: Richtig, irgendetwas in dieser Richtung. Damit Ihnen die Bank diese Zinsen ausbezahlen kann, was muss sie damit tun?

Kunde: Keine Ahnung – sie investieren es.

Vermittler: Diese Institute investieren es ganz grob gesagt in die Wirtschaft. Sie verleihen es weiter, beteiligen sich an anderen Firmen und bekommen dafür eine Rendite zurück.

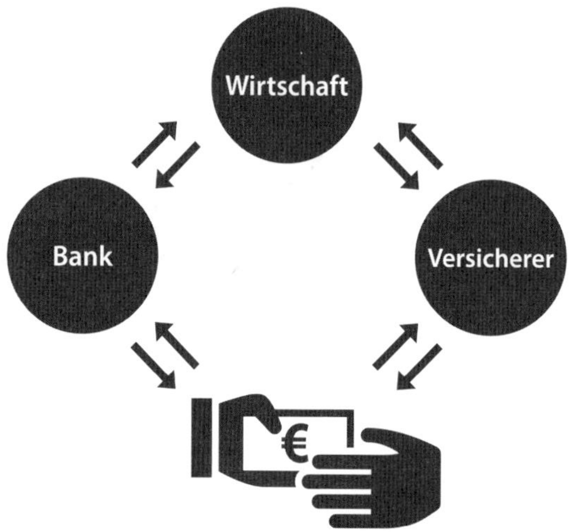

Wie hoch diese Rendite ist, kann langfristig niemand sagen. Wo glauben Sie aber, kommt unter dem Strich mehr an? Bei den Finanzhäusern oder bei Ihnen?

Kunde: Bei den Finanzhäusern.

Vermittler: Richtig. Wie könnte eine Bank ein Prozent langfristig pro Jahr erwirtschaften und Ihnen dann drei Prozent bezahlen? Das geht gar nicht. Wäre es interessant zu wissen, wie Sie Ihre Gelder direkt investieren können, um diese Rendite auch direkt zurückzuerhalten?

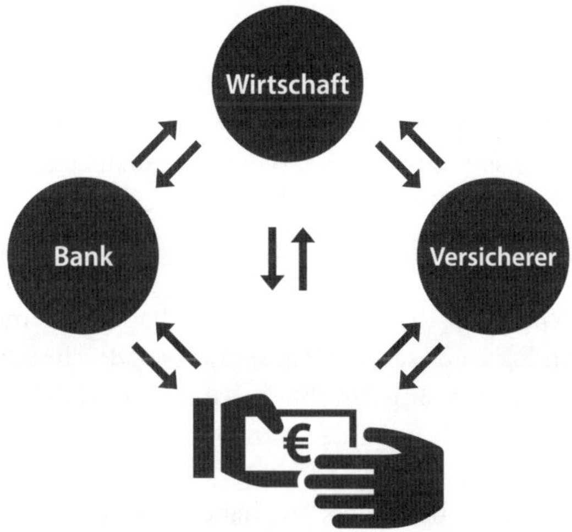

Mit dieser Erzählung erzielen Sie zunächst Folgendes: Ihr Gesprächspartner wird vielleicht zum ersten Mal damit konfrontiert, dass es andere Investitionsmöglichkeiten gibt, als diejenigen, die ihm bisher verkauft wurden. Er soll sich lösen von Altbekanntem. Und als Verkäufer will ich testen, ob mein Gesprächspartner überhaupt offen für neue Dinge ist.

Etwas weiter oben in diesem Text wurde über das Thema Disqualifizierung gesprochen. Bei diesem Beispiel läuft das Verfahren ähnlich:

Wenn jemand den alten Instituten so sehr emotional verbunden ist, dass er sich nicht von ihnen lösen kann, dann ist er nicht mein Kunde. Wenn einer seiner engen Freunde oder ein Verwandter bei einem der in der Erzählung genannten Institute arbeitet und nur klassische Produkte anbietet, werde ich mich nicht in diese bestehende Kundenbeziehung drängen wollen. Dann gilt es, einen neuen Interessierten zu finden.

4. Der Tagesablauf

Um zu zeigen, wie breit das Risiko bei einer Anlage gestreut werden kann, und vor allem die Sicherheit, die durch unsere Konsumgesellschaft gegeben ist, besser zu demonstrieren, gibt es einen anschaulichen Verkaufsansatz, den ich im Folgenden darstellen möchte. Er ist live sicherlich viel besser darzustellen als in einem Buch, ich werde mir aber die beste Mühe geben.

Es gab zu meiner Zeit im Vertrieb einige Verkäufer, die den Kunden regelrecht durch die Wohnung gejagt haben. Er musste dabei sämtliche Produkte aus seinem Putzschrank, Badeschrank und Kühlschrank hervorholen. Im Anschluss haben die Verkäufer die Produktnamen mit den Namen der Aktienbeteiligungen eines Rechenschaftsberichtes verglichen.

Da mir das nicht besonders lag, habe ich einen anderen Weg zu Veranschulichung gewählt. Ich habe mir eine kleine Präsentation gebaut, mit deren Hilfe ich den Kunden anhand verschiedener im Alltag gebräuchlicher Produkte virtuell durch den Tag begleitet habe.

Grafik: © Udo Kerzinzger

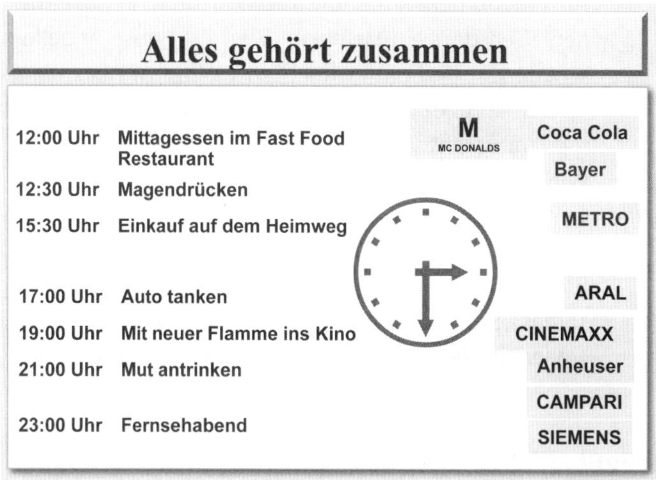

Grafik: © Udo Kerzinzger

Vermittler: Lieber Herr Müller, lassen Sie uns einmal einen beispielhaften Tagesablauf beleuchten, um zu sehen, wie sehr wir alle die Wirtschaft unterstützen und von ihr abhängig sind.

Wenn wir morgens wach geklingelt werden, ist der Wecker vielleicht von Samsung. Wir gehen ins Bad, waschen uns mit Produkten von Beiersdorf, ziehen uns etwas von Boss an und frühstücken Produkte von Nestlé oder Unilever.

Im Anschluss fahren wir mit einem BMW oder Opel zur Arbeit. Bei der Arbeit angekommen, arbeiten wir an einem Computer von Microsoft, telefonieren mit einem Telefon von Siemens und nutzen die Kaffeepause wieder mit Nestlé-Kaffee und einer Philipp-Morris-Zigarette.

Sie überweisen etwas an die Deutsche Bank und bekommen Anrufe auf Ihr Samsung-Handy. Mittags gehen Sie zu McDonald's essen und trinken dazu eine Coca Cola. Vielleicht brauchen Sie auch eine Magentablette von Bayer, wegen des Stresses in der Firma. Sie kaufen auf dem Nachhauseweg bei der Metro ein und tanken Ihr Auto bei Shell oder Aral.

Am Abend gehen Sie mit Ihrer Partnerin ins Cinemaxx und genießen dort ein Heineken-Bier. Zu Hause angekommen, schauen Sie die Spätnachrichten auf Ihrem Philips-Fernseher.

Wer ist für den Umsatz und die Gewinne dieser Unternehmen mitverantwortlich?

Kunde: Wir.

Vermittler: Genau. Sie nutzen Produkte und Dienstleistungen dieser Gesellschaften jeden Tag. Die Fondsanbieter wiederum kaufen für ihre Kunden Anteile genau dieser und anderer Firmen, so dass Sie auch an den Gewinnen beteiligt sind. Ab wann wollen Sie sich denn an diesen Gewinnen beteiligen?

5. Das Fußballfeld

Das nächste Beispiel, das zur Illustration von Anlagemöglichkeiten im Kundengespräch eingesetzt werden kann, habe ich vor Jahren in seiner Grundform bei einem Vortrag der Fondsgesellschaft Fidelity Worldwide Investment kennengelernt. Deshalb sei an dieser Stelle dieses Haus einmal lobend erwähnt, insbesondere für seine Marketingarbeit und sein Angebot, Makler zu unterstützen.

Diese Erzählung wurde im Laufe meiner praktischen Beratungstätigkeit noch um zwei entscheidende Dinge ergänzt.

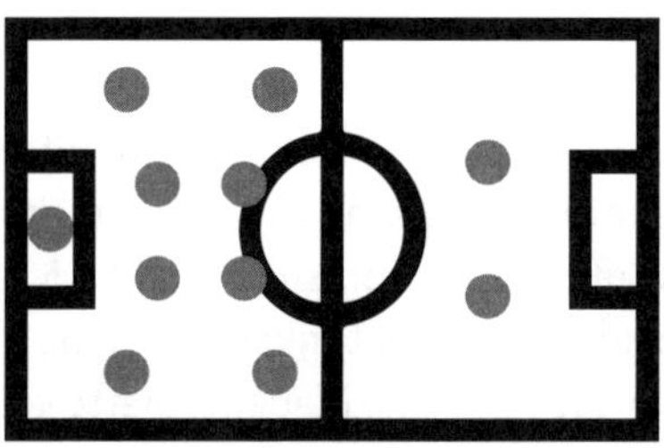

Vermittler: Herr Müller, wenn wir uns eine erfolgsversprechende Vermögensverteilung anschauen, sieht diese in fast allen möglichen Fällen wie in der obigen Grafik dargestellt aus.

Sie haben einen guten Torhüter. Das kann das Sparbuch sein, der Bausparvertrag oder alles, was eine Garantie abwirft. Das sichert nach hinten ab, nach vorne geht aber nicht viel. Dann haben Sie eine gute Abwehr. Das kann die eigene Immobilie sein, eine gute alte und steuerfreie Lebensversicherung oder konservative Mischfonds.

Im Mittelfeld bewegen wir uns mit dynamischeren Mischfonds und im Sturm sollte der eine oder andere Aktienfonds zum Einsatz kommen, damit auch die erforderliche Rendite erreicht werden kann.

Wenn ich mir den Ordner mit Ihren Geldanlagen anschaue, stelle ich aber die folgende Depotzusammenstellung fest:

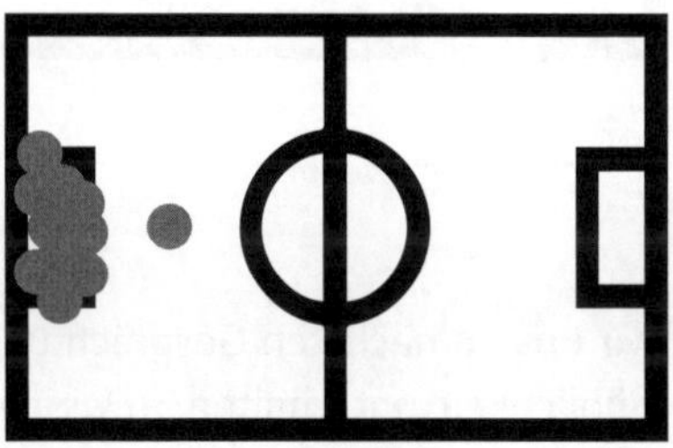

(An dieser Stelle, verehrte Makler, ist eine Schweigeminute angesagt. Frei nach dem Motto: „Ein Bild sagt mehr als tausend Worte“, muss Ihr Gegenüber jetzt erst einmal nachdenken. Sollten jetzt witzig gemeinte Argumente kommen wie „Die Null muss stehen" oder „Mit einer guten Abwehr gewinnt man Turniere" bzw. „Rein bekomme ich keinen", fahren Sie einfach

fort im Programm. All diese Statements habe ich bereits von Gesprächspartnern zu hören bekommen.)

Leider ist es in heutigen Zeiten so, dass es zwei große Unterschiede zu einem Fußballspiel gibt. 1) Unser Spiel geht keine 90 Minuten, sondern 30 Jahre, und 2) heißen unsere Gegner nicht Bayern München oder Barcelona. Wir haben richtige Gegner. Diese heißen Rentenlücke und Inflation. Und diese Gegner treffen jedes Jahr. Wie wollen Sie aber mit dieser Mannschaft Ihre Rente retten?

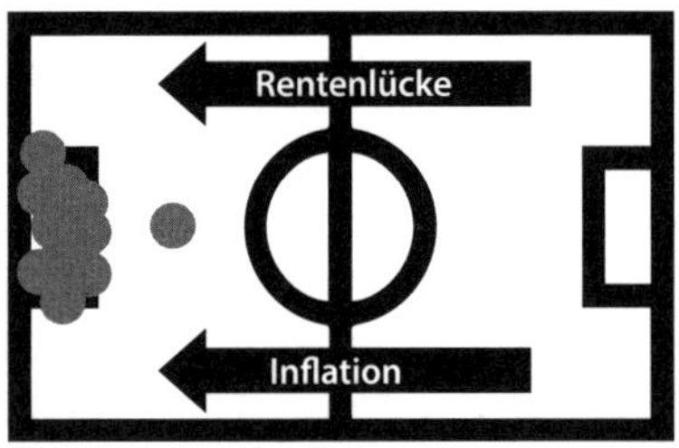

Wollen wir uns im nächsten Gespräch über eine alternative Anlagemöglichkeit unterhalten? (*Das funktioniert auch bei Menschen, denen Fußball so egal ist, wie eine kaputte Treppe in Ungarn.*)

6. Inflation

Eine weitere Erzählung habe ich im Laufe der Jahre selbst entwickelt. Zum einen, weil ich die zugrunde liegende Geschichte vereinfachen wollte, zum anderen, weil das Thema Inflation damals ständig falsch und ungenügend erklärt worden ist.

Immer wieder höre ich in Endkundenvorträgen und von Gesellschaften, dass 100.000 Euro im Zuge des Kaufkraftverlustes nach ca. 20 Jahren nur noch 50.000 Euro wert sind. Dann sitze ich wieder mit so einem Endkunden-Denken da und überlege mir: Heute habe ich 100.000 Euro, gehe daraufhin gedanklich 20 Jahre in die Zukunft und stelle fest: Ich habe immer noch 100.000 Euro. Und verstehe die Welt nicht mehr.

Das Thema Inflation ist so abstrakt, dagegen sind der reine Fonds und das Problem der Altersvorsorge fast schon Alltagswissen. Zumindest in der Wahrnehmung der Kunden.

Wenn die Menschen das Thema Inflation wirklich begreifen würden, dann würde nicht so viel Geld auf dem Tagegeldkonto oder in ähnlichen Produkten schlummern. Was aber jeder einzelne versteht, ist, dass alles im Laufe der Zeit teurer wird. Darauf basiert die nachfolgende Geschichte.

Vermittler: Herr Müller, stellen Sie sich einmal vor, Sie haben 100 Euro zur Verfügung.

Damit können Sie sich etwa eine brauchbare Hose kaufen oder Sie verzichten auf den Konsum, legen das Geld zur Seite und kaufen sich in 20 Jahren mehr Hosen. Ist das die Art des Sparens, die Sie sich vorstellen?

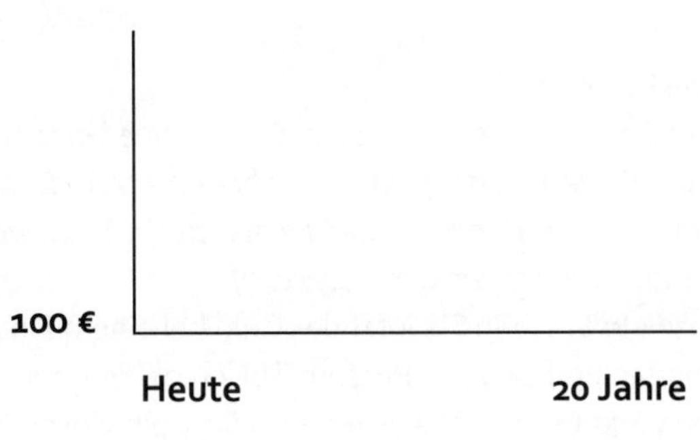

Kunde: Ja.

Vermittler: Würde es für Sie Sinn machen, auf den Konsum von einer Hose zu verzichten, das Geld zur Seite zu legen, um dann in 20 Jahren weniger als eine Hose zu kaufen?

Kunde: Nein.

Vermittler: Das heißt, es müssten schon zwei Hosen sein, damit es sich überhaupt lohnt?

Kunde: Genau.

Vermittler: Gut, so verstehe ich das auch. Lassen Sie das Geld unter dem Kopfkissen liegen, haben Sie nach 20 Jahren immer noch die 100 Euro. Wie viele Hosen kaufen Sie dafür?

Kunde: Eine Halbe.
(Der Clou ist, dass die meisten Kunden eine halbe Hose sagen, egal, ob Sie 15, 20, 25 oder 30 Jahre ansetzen. Daran erkennt man, dass der Kunde gar nicht einschätzen kann, was bei einer Inflation mit seinem Geld passiert.)

Vermittler: So in etwa. Wenn Sie jetzt das Geld bei einem Finanzinstitut anlegen und ca. zwei Prozent Zinsen bekommen, haben Sie etwa 150 Euro zum Ausgeben. Wie viele Hosen kaufen Sie denn davon?

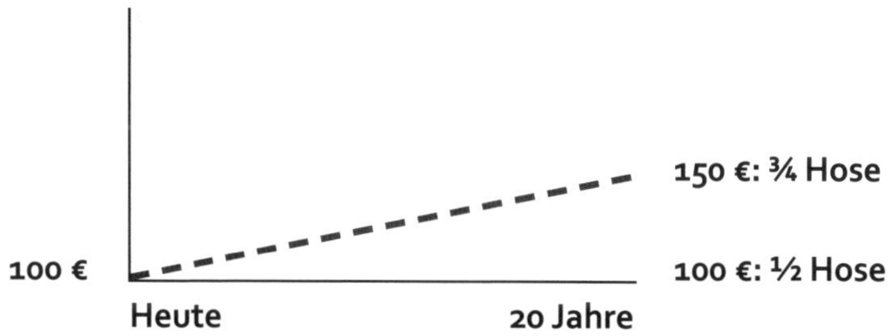

Kunde: Drei Viertel.
Vermittler: Macht das Sinn?
Kunde: Nein.
Vermittler: Wir müssten ja ca. 400 Euro zusammen aufbauen, damit Sie sich zwei Hosen kaufen können, richtig?
Kunde: Genau.

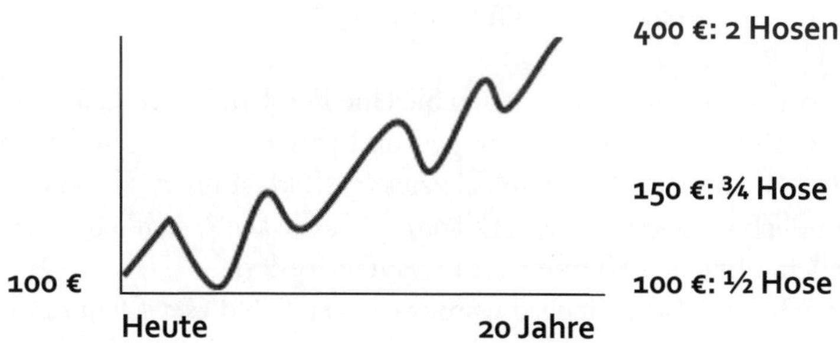

Vermittler: Es gibt dazu eine gute Nachricht und eine schlechte. Die gute ist, dass das Ergebnis möglich ist und in der Vergangenheit auch funktioniert hat. Die schlechte ist, dass es sich nicht so gleichmäßig entwickelt, sondern in Schwankungen. Können Sie mit den Schwankungen leben?

Kunde: Ja.

Vermittler: Dann müssten wir uns nun anschauen, welche.

Jetzt können Sie noch folgende Fragen stellen:

Erstens: Wollen Sie, dass das Ergebnis voll versteuert wird, oder wollen wir die Gewinne mit möglichst wenig Steuern wieder zurückbekommen?

Zweitens: Wollen wir uns den Ablauf sichern und dafür sorgen, dass es am Ende keine Schwankungen mehr gibt und die Höchststände gesichert werden?

Drittens. Wollen Sie, dass wir Ihre 100 Euro möglichst breit verteilen, damit wir eine breite Streuung und damit auch eine gewisse Form von Sicherheit bekommen?

Viertens: Soll das eingezahlte Kapital am Ende garantiert werden? Das kostet natürlich im Ablaufergebnis einiges an Rendite, lässt Sie aber vielleicht ruhiger schlafen.

Fünftens. Wollen wir die Schwankungen möglichst gering halten, oder soll da richtig Pfeffer drin sein?

Das sind alles Fragen, mit denen Sie eine Fondspolice verkaufen und sich auch ein Ja zu Schwankungen und anderen wichtigen Punkten einholen können. Mit dem skizzierten Bild können Sie kundenfreundlich so ziemlich alles erklären – was Sie auch rechtlich gesehen müssen, ohne den Kunden damit zu überfordern.

Sie haben als Versicherungsmakler nach § 34d GewO zumindest noch eine einfachere Möglichkeit, die risikotechnischen Punkte anzusprechen. Makler nach § 34f GewO müssen da wesentlich mehr erklären. Dennoch sollten Sie dem Kunden gegenüber die Schwankungen, Kosten und die grundlegenden Risiken ansprechen. Die Frage ist nur, wie intensiv, in welcher Sprache und aus welcher Perspektive Sie es tun.

7. Die Badewanne

Eine andere sehr anschauliche Story zum Thema Inflation können Sie rund um das Bild einer Badewanne erzählen:

Vermittler: Herr Müller, schauen Sie sich diese Badewanne an. Sie hat zwei Wasserhähne. Einen, aus dem Wasser rausfließt, das Sie selbst bei den Stadtwerken bezahlen müssen. Das sind im Bereich der Geldanlage Ihre selbst eingezahlten Beiträge.

Aus dem anderen Wasserhahn kommt geschenktes Wasser heraus, das die Stadt Ihnen zusätzlich gibt. Nehmen wir an, das beläuft sich auf einem Prozent dessen, was Sie selbst in die Badewanne haben einfließen lassen.

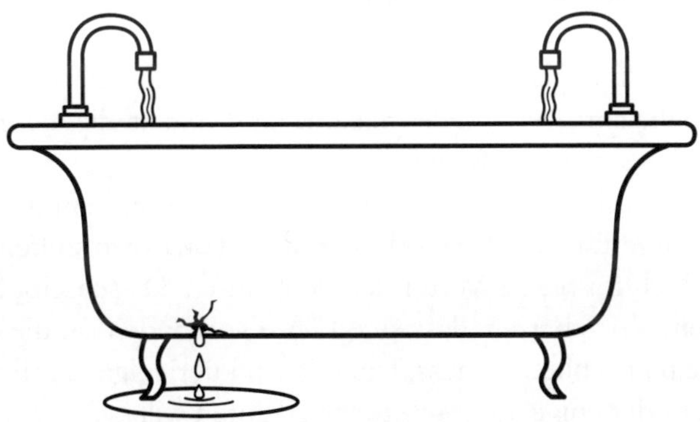

Jetzt sehen Sie unten an der Badewanne ein kleines Loch, dort fließt immer ein wenig von dem eingelassenen Wasser heraus. Im Bereich der Geldanlage nennen wir das Inflation.

Wenn dort unten jetzt zwei Prozent herausfließen, oben aber nur ein Prozent dazukommt, wird das Wasser nicht unbedingt weniger, weil Sie ja wesentlich mehr einbezahlen.

Wenn Ihr Ziel allerdings am Ende ist, dass Sie auch mehr Geschenke als Abfluss haben, macht das in dieser Art und Weise keinen Sinn. Genau so ist es bei den Zinsen. Wenn mehr abfließt, als Sie bekommen, macht Sparen keinen Sinn. Dann sollte man das Geld lieber ausgeben.

Dieses Prinzip wirkt sich vor allem dann stärker aus, wenn Sie kein Geld mehr selbst einbezahlen, sondern in der Rentenphase Geld entnehmen. Dann wird das Loch unten etwas größer. Wenn Sie dann beispielsweise vier Prozent selbst ausgeben, zwei Prozent Inflation hinzukommen, müssen oben durch den zweiten (Zuschuss-) Wasserhahn mindestens sechs Prozent einfließen, dass die Badewanne gleich voll bleibt.

8. Rentenbescheid und Lücken schließen

Arbeiten Sie mit dem Rentenbescheid Ihrer Kunden? Wenn ich in Seminaren nachfrage, sind das maximal 30 Prozent, die die Informationen zur gesetzlichen Rente nutzen.

Dieser Bescheid ist ein offizielles Dokument, in dem inzwischen deutlich aufgeführt wird, dass Bürger privat vorsorgen sollten. Besser kann es doch für Sie als Vermittler nicht laufen. Da schreibt eine Behörde dem Versicherten, dass eine Lücke vorhanden ist, die er inflationsbereinigt schließen muss. Und Sie sind derjenige, der ihm dabei hilft. Nicht derjenige, der nur etwas verkaufen will.

Es folgt ein Beispiel von einem Kunden, 40 Jahre alt, der netto 2.100 Euro verdiente und dem eine Rentenerwartung von 1.280 Euro ausgewiesen wurde. Es lag also eine Lücke von 820 Euro vor, ohne Abzüge.

Anhand dieses Beispiels wird im Folgenden ein kleiner Verkaufsansatz demonstriert. Dieser ist stark vereinfacht, was die steuerlichen Abzüge und Kosten angeht, soll aber anschaulich zeigen, wie man voraussichtliche Einkommenslücken in ein Verkaufsgespräch einbinden kann.

Vermittler: Haben Sie Ihren Rentenbescheid zur Hand, damit wir nachschauen können, ob und, wenn ja, wie viel Ihnen überhaupt fehlt. (*Der Kunde muss jetzt seinen Rentenbescheid holen. Sie können die Einsicht auch im Vorfeld bei ihm beantragen bzw. ansagen.*)

Kunde: Ja...

Vermittler: Das heißt, diese Lücke müssen wir auf alle Fälle schließen, wenn Sie Ihren Lebensstandard auf dem heutigen Niveau halten wollen.

Nehmen Sie jetzt einen Rechner zur Hand und rechnen Sie mit dem Kunden gemeinsam eine Summe aus, aus der er sich die 820 Euro entnehmen kann.

Vermittler: Sehen Sie, es sind ca. 323.000 Euro, die Sie benötigen. Sie haben noch 25 Jahre Zeit, ein Startkapital von 25.000 Euro und können 150 Euro pro Monat sparen. Das ergibt bei vier Prozent (wieder gemeinsam errechnen) ca. 143.000 Euro. Wie gedenken Sie jetzt die Differenz zu schließen?

An der Stelle stellen Sie wieder eine Frage, die Ihr Kunde nicht beantworten kann. Ich gehe, was die Einstellung betrifft, anders als viele andere Berater heran. Ich habe meine Altersvorsorge gelöst. Der Kunde hat das scheinbar noch vor sich. Ich will wissen, ob er sich Gedanken gemacht und was er geplant hat.

Hat er nichts geplant und ist konzeptlos, ist er bereit, mir zuzuhören. Ich will nichts verkaufen, sondern traue ihm erst einmal zu, es schon alleine zu regeln. Wenn nicht, mache ich ihm gleich ein paar Vorschläge.

Kunde: Keine Ahnung.

Vermittler: Sie haben mehrere Möglichkeiten:

Erstens: Sie sparen einfach so lange, bis die Summe bei vier Prozent erreicht ist (*wieder gemeinsam errechnen*). Das sind dann ca. 42 Jahre. Wollen Sie das?

Kunde: Nein.

Vermittler: Zweitens: Gut, dann können wir den Monatsbeitrag erhöhen, damit es in 25 Jahren klappt (*wieder errechnen*). Das wären dann ca. 500 Euro. Geht das?

Kunde: Nein.

Vermittler Drittens: Gut, dann können wir noch mal mit acht Prozent rechnen und kommen auf 170 Euro. Das heißt, wenn Sie eine Chance haben wollen – auch wenn die acht Prozent natürlich nicht garantiert sind –, müssen wir uns in diesem Feld bewegen und Produkte suchen, die das zumindest ermöglichen. Wollen wir uns darüber unterhalten?

Kunde: Ja.

Ich rechne hier weder mit Kosten, noch Steuern oder sonst irgendwelchen Extras. Ich will, dass mein Gegenüber erst einmal etwas Grundsätzliches versteht und den Kunden nicht mit diesen Extras überfordern. Wenn ich später das Anlagekonzept präsentiere, wird das natürlich alles berücksichtigt. Das ist schriftlich wiederum sehr schwer darzustellen. Ich hoffe, Sie können etwas aus dieser hier skizzierten Geschichte für sich herausziehen.[12]

9. Die Rentenlücke plastisch machen

Im letzten hier aufgeführten Beispiel geht es für den Vermittler darum, die zukünftige Rentenlücke plastisch darzustellen und den – in der ferneren Rentenzukunft liegenden – kommenden Schmerz in das Gespräch holen.

Eines unserer Hauptprobleme im Bereich der Altersvorsorgeberatung ist die Tatsache, dass vor allem junge Menschen keinen Bedarf sehen. Schließlich ist die Rente in jungen Jahren noch ganz

12 Da der Kunde gerne alles glaubt, was im Internet zu finden ist, arbeite ich hier mit der Webseite www.zinsen-berechnen.de. Da kann der Kunde direkt zuschauen, mitmachen und das Ergebnis kann gegebenenfalls sogar ausgedruckt werden. Zudem ist es neutral gehalten.

weit weg. Der Schmerz, den ein Rentner im Alter von 67 Jahren erfährt angesichts dessen, was ihn von staatlicher Seite erwartet, ist für einen jungen Menschen nicht absehbar. Er kann ihn daher nicht nachempfinden.

Deswegen ist es manchmal notwendig, dass wir Berater den späteren Schmerz in das Beratungsgespräch vorziehen. Ich bin zwar auf der einen Seite kein großer Freund davon, über den Faktor Schmerz zu verkaufen.

Auf der anderen Seite lassen viele Menschen erst dann Veränderungswillen erkennen, wenn sie tatsächlich Schmerzen empfinden. Daher dient folgende Sales Story als Ansatz, die Rentenlücke und das bevorstehende Problem emotional in die heutige Zeit und in den Fokus der Betrachtung zu holen.

Ruhestandsplanung		
Wohnen Miete/Finanzierung/ Nebenkosten	**Lebenshaltung** Nahrung/Kleidung	**Steuer und Versicherung** Haftpflicht/Hausrat/Kfz
Mobilität Autorate/Benzin/ Monatskarte	**Urlaub** Sparrate	**Altersvorsorge** Sparrate
Hobbys Fitness/Sport- und Musikverein	**Geschenke für andere** Kinder/Enkel/Verwandte	**Extras**

Dazu benötigen Sie ein paar Utensilien. Zum einen ein paar Geldscheine. Diese finden Sie in Kinderspielen und Kaufläden oder können sie im Internet als Bündel bestellen.

Zum anderen müssen Sie in Power Point eine Vorlage anfertigen, auf der die wichtigsten finanziellen Ausgaben zu finden sind (siehe hierzu das oben aufgeführte Beispiel). Zudem benötigen Sie noch den Rentenbescheid.

Vermittler: Lieber Herr Müller, wenn wir uns Ihre heutige Situation anschauen und das, was Sie netto zur Verfügung haben: Wie würden Sie denn Ihr monatliches Einkommen auf die abgebildeten Felder verteilen?

Jetzt lassen Sie den Kunden das Geld auf die Ausgabenfelder auf dem Präsentationsblatt verteilen. Es ist schließlich immer hilfreich, wenn etwas Aktion während des Gesprächs stattfindet.

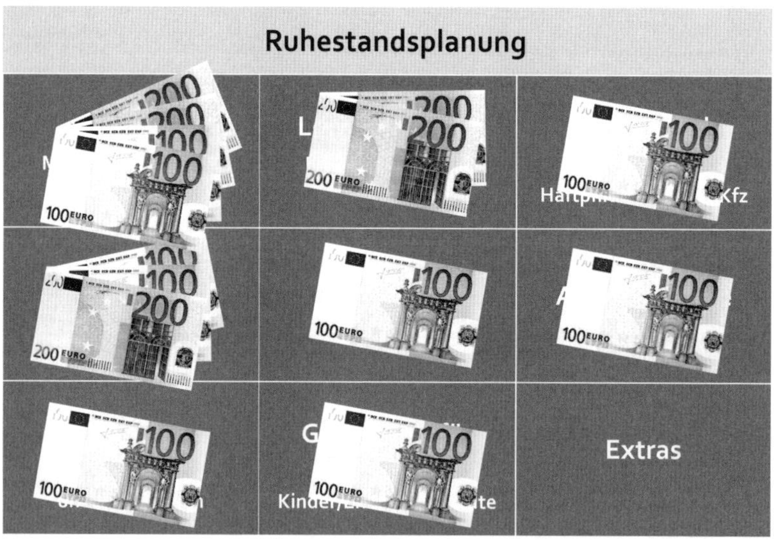

Bilder: © Pixabay CCo

Wenn das Geld verteilt ist, nehmen Sie alles wieder herunter und geben Ihrem Kunden nur die Euro-Scheine, die in Summe auf seinem Rentenbescheid stehen.

Vermittler: Lieber Herr Müller, verteilen Sie jetzt bitte Ihr monatliches Einkommen. Das Thema Altersvorsorge können Sie jetzt weglassen, das benötigen Sie dann nicht mehr.

Jetzt wird Ihr Kunde feststellen, dass er nicht einmal ansatzweise für alle Felder genug Geld hat. Wenn Sie es auf die Spitze treiben wollen, können Sie das Ganze noch inflationsbereinigt anlegen. Das ist meiner Meinung nach aber nicht nötig.

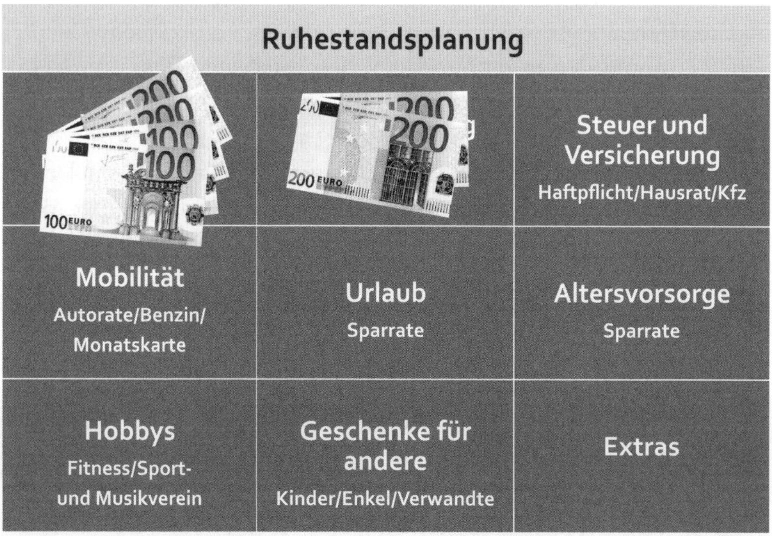

Bilder: © Pixabay CCo

Vermittler: Herr Müller, wie haben Sie es sich jetzt gedacht, diese Lücke zu schließen?

Dieses Spiel können Sie natürlich genauso mit der Absicherung gegen Berufsunfähigkeit durchführen. Sie schaffen eines: Betroffenheit. Sollte Ihr Kunde bis zu diesem Zeitpunkt immer noch nicht wahrhaben wollen, wie schmerzhaft die Lücke im Rentenalter ausfallen wird, können Sie ihm noch das eine oder andere Youtube-Video zeigen.

Hier kann er Beispiele sehen, wie Rentner Flaschen sammeln oder andere Jobs annehmen, um auf einen grünen Zweig zu kommen. Anschließend sollten Sie das Gespräch höflich beenden und Ihren Interessent auf die Wiedervorlage legen. Die Zeiten ändern sich bekanntermaßen.

4.3.2. Der Zweittermin

Bei den meisten Versicherungsvermittlern kommt es erst beim zweiten Termin zur eigentlichen Präsentation. Haben Sie bis zu diesem Zeitpunkt den in diesem Buch beschriebenen Plan umgesetzt, wird der Zweittermin extrem kurz ausfallen. Was soll auch noch erklärt werden?

Zur Illustration einer solchen Situation folgt das Beispiel einer Präsentation bei einer Lehrerin. Die Ausgangssituation: Auf Basis ihrer Wünsche habe ich mit der Kundin einen 200-Euro-Fondssparplan und eine 200-Euro-Fondspolice abgeschlossen. Für die Fondspolice wurden fünf Fonds, für die 200 Euro im Sparplan zwei Fonds ausgewählt.

Zum Termin mitgebracht habe ich physisch Folgendes: Die Rückkaufswerttabelle der Fondspolice, eine Hochrechnung bei sechs Prozent eines fiktiven Sparplanes und drei Kurzinformationsdokumente (KID) der Fonds, die ich angeboten habe.

Den rechtlich erforderlichen Rest an Informationen hat die Kundin per E-Mail erhalten. Mit Hilfe der Dokumente bin ich im direkten Kundengespräch kurz auf das Thema Schwankungen und Risiken eingegangen.

Bei den Fonds demonstriere ich meistens die Zeiten von 2000 bis 2015, sofern vorhanden. Ich gehe auf die Jahre 2003, 2008 und 2011 sowie das aktuelle Jahr ein. An der Linie kann man wunderbar zeigen, dass der Markt in diesen Zeiten nicht der einfachste war und der Fonds dennoch eine gute Rendite gezeigt hat.

Ich kläre meinen Gesprächspartner auch kurz über die Risiken eines Verlustes auf, den ein Fonds haben kann. Mit Hilfe des Bildes aus der ersten Geschichte, dem Weg des Geldes, mache ich dem Kunden klar, was passiert, wenn über einen langen Zeitraum nichts erwirtschaftet wird. Dann werden auch die Banken und Versicherer weniger ausbezahlen.

Zum Schluss der Präsentation gehe ich noch auf die Kosten ein. (Die Intensität der Darstellung der Kostenfrage hängt immer von dem Kriterium ab, nach dem der Kunde entscheidet. Will er über die Kosten gar nichts wissen, gehe ich dementsprechend kurz auf diese Thematik ein – nur so viel, dass er nach einem Jahr nicht schockiert wieder kündigt.)

Da Sie hoffentlich im Ersttermin die Vorabschlussfrage gestellt haben, müssen Sie das an dieser Stelle der Präsentation nicht mehr tun. Sie fragen nur noch, ob das Vorgestellte das ist, was die Person sich gewünscht hat, und beginnen dann selbstbewusst mit dem Ausfüllen der Formulare. Der Mensch hat eine Schwäche für die Stärke. Denken Sie bitte daran.

In Gesprächen, bei denen ich als Supervisor im Einsatz war, habe ich oft gesehen, dass die Interessenten relativ früh bereit waren, zu kaufen, und musste dann erleben, dass der Berater das Gespräch und den möglichen Abschluss zerstört hat.

Denken Sie daran: Wenn Sie ein Kunde zu sich nach Hause bestellt oder er stattdessen in Ihr Büro kommt, will er entweder Ihr Know-how anzapfen oder einen Vertrag abschließen. Was er will, gilt es möglichst schnell herauszufinden. Deshalb kann man die Vorabschlussfrage, wie bereits erwähnt, sogar zum Beginn des Gespräches stellen, um früh festzustellen, ob ein weiteres Gespräch überhaupt angebracht ist.

Die nachfolgende Seite zeigt beispielhaft ein Kundeninformationsblatt der Kapitalanlagegesellschaft Dimensional. Es wird als Fallstudie beschrieben, die Bewertung bezieht sich auf die Verhältnisse in der Vergangenheit.

Derartige Factsheets können von Vermittlern genutzt werden, um beispielsweise Risiko- und Ertragsprofile, die Wertentwicklung oder die Kosten eines Fonds im Gespräch mit dem Kunden zu verdeutlichen.

Das unabhängige Magazin für Anlageberater

FONDS ONLINE *professionell*

Dimensional Gl.Core Eq.EUR Acc

KAG: Dimensional Fd.PLC | ISIN: IE00B2PC0260 | WKN:A0RMKV | Währung: EUR | NAV: 23,09 EUR | Stand: 16.02.2017

FONDSSTRATEGIE

Die Anlagepolitik des Global Core Equity Fonds sieht den Kauf von Wertpapieren bestimmter Unternehmen vor, die weltweit an den von Dimensional für geeignet erachteten Börsen der sogenannten Industrienationen gehandelt werden. Der Fonds wird im Allgemeinen kleinere Aktienwerte übergewichten, die Dimensional für geeignete „Value"-Aktien hält, große Wachstumswerte jedoch untergewichten. Die Größe von Unternehmen beruht vor allem auf ihrer Marktkapitalisierung. Als „Value"-Aktien gelten in erster Linie solche, die einen hohen Buchwert im Verhältnis zu ihrem Marktwert haben.
Bei der Abschätzung des Wertes kann Dimensional weitere Faktoren berücksichtigen. Zu nennen sind hier beispielsweise das Kurs-Cashflow-Verhältnis und das Kurs-Gewinn-Verhältnis. Ferner werden gegebenenfalls die Konjunktur...

Auflagedatum	03.09.2008
Ausgabeaufschlag	-
Management Fee	0,30%
Fondsvolumen	EUR 1.652,99 Mio.
Typ	Aktienfonds
Letzte Ausschüttung	keine
Total Expense Ratio	0,37% (30.06.2011)
Region	weltweit
Fondsmanager	Dimensional Fund Advisors Limited

ANSCHRIFT DER KAG

Dimensional Fd.PLC
20 Triton Street, NW1 3BF London
Vereinigtes Königreich
http://www.dfaeurope.com

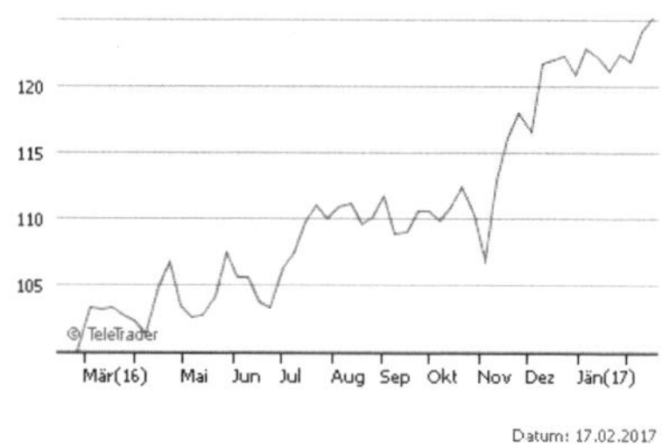

WERTENTWICKLUNG	
17.02.2016 - 17.02.2017	+28,42%
17.02.2015 - 17.02.2016	-9,10%
17.02.2014 - 17.02.2015	+28,44%
17.02.2013 - 17.02.2014	+17,29%
17.02.2012 - 17.02.2013	+9,97%

PERFORMANCE	1M	6M	12M	3J p.a.	5J p.a.
Performance	+3,45%	+13,80%	+30,90%	+14,44%	+14,10%
Sharpe Ratio	5,74	2,60	2,41	0,95	1,02
Volatilität	8,96%	11,37%	12,96%	15,62%	14,13%
Max. Drawdown	-1,81%	-5,23%	-5,40%	-22,55%	-22,55%
Beste Monate	-	6,23%	6,23%	8,65%	8,65%
Beta	-	-	0,59	0,89	0,75

BRANCHENVERTEILUNG

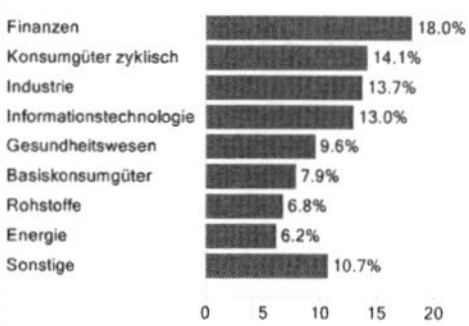

TOP HOLDINGS

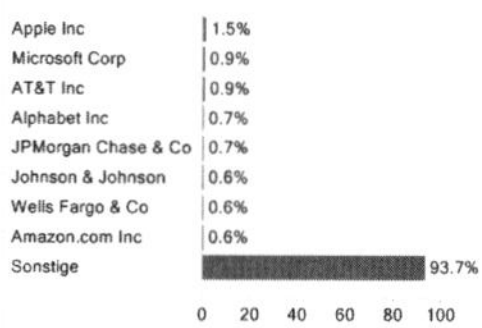

ANLAGEARTEN

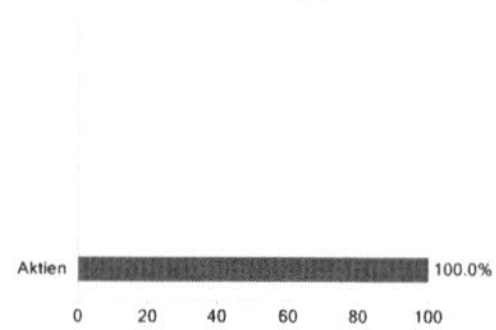

WÄHRUNGEN

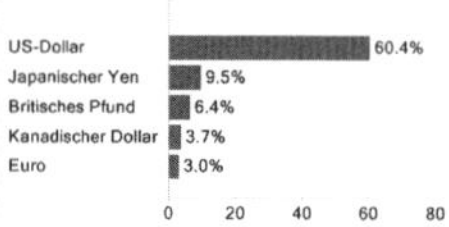

LÄNDERVERTEILUNG

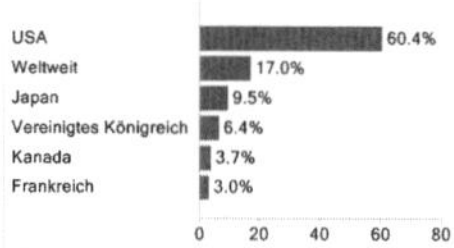

RISIKOHINWEISE:
Die Informationen auf dieser Seite dienen ausschließlich zu Informationszwecken und sind weder als Verkaufsangebot noch als Aufforderung zum Kauf des Wertpapieres oder einer Empfehlung zugunsten des Wertpapieres zu verstehen. Dieses Blatt ersetzt nicht den aktuell gültigen Verkaufsprospekt der jeweiligen KAG und auch keine individuelle Anlageberatung.
Wertentwicklungen der Vergangenheit können nicht in die Zukunft übertragen werden. Die TeleTrader Software AG und FONDS professionell übernehmen trotz sorgfältigster Recherche keinerlei Haftung für die Richtigkeit der angegebenen Daten.

Factsheet erstellt von TELETRADER

▶ Ein Beispiel eines deutschen Factsheet der Dimensional Fd. PLC. (Bild / ©: **FONDS professionell**)

4.4. Abschluss

Bei einem erfolgreichen Abschluss eines Verkaufsgesprächs gibt es nicht mehr viel zu sagen, außer vielleicht: herzlichen Glückwunsch zum erzielten Umsatz.

Vielleicht hat der Kunde aber kurz vor dem Abschluss noch Fragen. Diese kann man ganz entspannt, aber bitte auch so kurz wie möglich beantworten.

Die Erfahrung hat gezeigt, dass, wenn Sie eine Frage sehr ausführlich beantworten, sich bei Ihrem Gesprächspartner weitere Fragen aufwerfen. Nur, dass er zu einem bestimmten Zeitpunkt, meistens ist es am Abend, keine Lust mehr hat, auch noch diese weiteren Fragen zu stellen. Weitere Verzögerungen drohen also. Deshalb sollten Sie versuchen, die Fragen so kurz wie möglich zu beantworten, immer vor dem Hintergrund, dass durch Ihre Wortwahl keine weiteren Fragen aufgeworfen werden.

Des Weiteren hat sich gezeigt, dass Kunden zwar mehrere Fragen haben. Wenn ihnen die Antwort auf die erste Frage bereits zu komplex erscheint, werden sie die anderen aber nicht erst stellen. Sie, der Vermittler, werden dann letzten Endes nicht zum Abschluss kommen.

Aufgrund dieser Erfahrungen habe ich mir angewöhnt – sollte der Kunde eine Frage haben – bei ihm zu ermitteln, ob er noch weitere Fragen hat, und diese erst einmal zu sammeln. Oftmals ist nämlich gerade die letzte Frage die entscheidende. Danach beantworte ich die Fragen von hinten beginnend und habe dabei oft erlebt, dass der Kunde nach ein bis zwei Fragen zufrieden ist und das Produkt letztendlich kauft.

5. Wann sind Sie ein guter Berater?

Zusammenfassend betrachtet, sind Sie ein guter Berater, wenn Sie dem Kunden das gute Gefühl vermitteln, der richtige Ansprechpartner für ihn zu sein. Wenn Sie ihn nicht vollquatschen, ihm die Lösung geben, die er haben will, und dafür so wenig Zeit wie möglich benötigen. Denn es geht um Ihre wertvolle Zeit, aber auch die des Kunden. Die nachfolgende Aufstellung hilft dabei, dies umzusetzen.

Ein guter Berater

Geben Sie dem Kunden das gute Gefühl, der richtige Ansprechpartner für ihn zu sein:

- Gehen Sie strukturiert vor.
- Hören Sie zu.
- Nehmen Sie sich am Anfang mehr Zeit.
- Übernehmen Sie die Sprache des Kunden.
- Beantworten Sie nur die Fragen, die er auch gestellt hat.
- Benutzen Sie im gegenüber eine einfache Sprache, ohne Fremdwörter.
- Wenn Sie Fremdwörter benötigen, erklären Sie diese.
- Stellen Sie die Vorabschlussfrage. Das demonstriert Stärke und Sicherheit.
- Bieten Sie nur das an, was der Kunde auch haben will.
- Beantworten Sie alle Fragen, aber kurz und einfach.
- Nehmen Sie dem Kunden die Angst.
- Treffen Sie eine Entscheidung und tragen Sie dafür die Verantwortung.

V. Kundenfragen und Einwandbehandlung

1. Drei Arten von Einwänden

Die Einwände, die Kunde im Laufe des Gespräches einbringen könnten, lassen sich in drei Bereiche einteilen.

1. Verhaltensmuster

Das sind Einwände, die nicht dem Verkäufer anzulasten sind. Man könnte eher annehmen, dass sie mit Erziehungsfehlern zusammenhängen, die in der Kindheit des Kunden begangenen worden sind.

Ich hatte einmal eine junge Frau beraten, die unbedingt eine Berufsunfähigkeit-Versicherung abschließen wollte. Immer kurz vor der Unterschrift zog sie jedoch ihre Zustimmung zurück, weil sie Angst hatte, die falsche Versicherung abzuschließen. Daraufhin machte ich mir ernsthafte Gedanken, welche Fehler ich gemacht haben könnte. Im Laufe der Zeit wurde mir aber klar, dass man in diesem Fall nichts machen kann, denn es ging um das Lebenskonzept der Kundin. Nennen wir es Entscheidungsschwäche.

Des Weiteren gibt es Phänomene wie eine Art Sucht, bei der immer nach dem Haken einer Sache gesucht wird. Davon betroffene Menschen können gar nicht glauben, dass es jemand gut mit ihnen meint. Ähnlich gestaltet es sich auch mit denjenigen, die immer nur die billigste Lösung haben wollen. Wenn solche Verhaltensmuster tief sitzen, können Vermittler relativ wenig entgegensetzen.

2. Provozierte Einwendungen

Das sind die Einwände, die Sie selbst provozieren, weil Sie an dem Kunden vorbei reden. Die beiden schlimmsten dieser Kategorie sollen hier in humorvoller und einprägsamer Art formuliert werden.

- inkohärente Logorrhö,
- Affinität pro pathologischem Usus von Termini technici.

Sollten Sie sich jetzt fragen, was ich damit sagen will? Genau das, was da steht. Inkohärente Logorrhö, heißt übersetzt so viel wie „nicht mehr nachvollziehbarer Sprechdurchfall“. Und das zweite Wortbegilde lautet übersetzt: „Die Vorliebe zum krankhaften Gebrauch von Fachwörtern“.

Dies ist z. B. dann der Fall, wenn Finanzberater vor lauter Fachwissen kaum noch laufen können und dann meinen, alles, was sie wissen, dem Kunden erzählen zu müssen. Der Kunde kommt sich dann in etwa so vor, wie Sie, wenn Sie die folgende Zeile lesen:

مهس قودنص

Was macht Ihr Gehirn? Richtig, es sucht nach der Lösung. Sagen wir einmal, ein kleines Männchen oder Weibchen rennt durch die Tiefen des Gehirns und sucht nach der Lösung. Wenn es die nicht findet, streikt das Gehirn und schaltet ab.

Ich könnte Ihnen als Autor jetzt noch seitenlang Informationen liefern – ein Teil Ihres Gehirns wäre nicht mehr in der Lage, zu folgen. Denn es ist darauf programmiert, Lösungen für Aufgaben zu finden, und gerade eben ist es noch dabei, eine zu knacken. Diese Aufgabe hier kann Ihr Gehirn vermutlich nicht bewältigen, da es keinen Vergleich für das Unklare hat. So ähnlich geht es Kunden, wenn Sie sie mit Fachwissen vollstopfen.

Sollte Ihnen im Kundengespräch dennoch der eine oder andere Fachbegriff herausrutschen, dann übersetzen Sie ihn für Ihren Kunden. Im oberen Falle lautet die Hilfe:

Das ist Arabisch, das von rechts nach links gelesen wird. Das rechte Zeichen steht für das Wort Fonds und der linke Sprachteil bedeutet Aktie (laut Google). Als Kunde könnten Sie jetzt aufatmen, wissend, dass es um nichts wirklich Gefährliches geht, und mir weiter folgen.

Tun Sie Ihrem Kunden den Gefallen und lassen die Fremdwörter, wann immer es geht, weg. Wenn Sie einen schwierigen Begriff benutzen müssen, dann überestzen Sie ihn in die Sprache, die der Kunde versteht.

3. Versteckte Fragen

Die dritte Form stellen meiner Meinung nach keine wirklichen Einwände dar. Sie sind vielmehr als Einwand formulierte, versteckte unsichere Fragen zu verstehen. Diese müssen beantwortet werden, damit der Kunde ein gutes Gefühl beim Abschluss bekommt.

Sie erinnern sich wahrscheinlich: je größer die Investition, desto größer auch die Unsicherheit vor einem Abschluss. Gehen Sie auf die Fragen höflich, einfach und lösungsorientiert ein, provozieren Sie aber mit der Antwort nicht schon wieder neue Fragen. Irgendwann hat der Kunde schließlich keine Lust mehr, sich mit dem Thema zu beschäftigen.

2. Einwandbehandlung

Zum Schluss folgen noch ein paar Beispiele, die Sie inspirieren könnten, wenn Ihr Kunde dann doch den einen oder anderen Einwand einbringt. Sie helfen erfahrungsgemäß nicht jedem weiter; manches erscheint auch etwas radikal zu sein in seiner Ausführung. Doch ich habe bewusst keinen Weichspüler zugefügt, sondern unverblümt das aufgeschrieben, was ich i. d. R. antworte.

Unterschiede mache ich je nach dem Tonfall, in dem der Einwand vom Kunden formuliert wird. Kommt der Einwand ängstlich, freundlich oder unsicher an, bekommt der Gesprächspartner eine sachliche und ehrliche Antwort.

Erscheint das Argument in seiner Äußerung anmaßend, dümmlich oder arrogant, dann kann ich auch entsprechend reagieren. Lassen

Sie sich nicht von Stänkerern und Nörglern, die es nun einmal in jedem Lebensbereich gibt, provozieren. Sie sind mit einem ernsthaften Anliegen da und müssen sich nicht für Ihren Job rechtfertigen.

"Die Börse fällt, ich muss verkaufen"

Erstens: Ihre Immobilie ist auch gerade weniger wert, als zum Kaufzeitpunkt. Haben Sie schon inseriert?

Zweitens: Was machen Sie, wenn Lebensmittel oder Benzin plötzlich 20 Prozent weniger kosten? Gehen Sie dann auch vorbei oder versuchen, es loszuwerden? Oder kaufen Sie günstig ein?

"Zu teuer"

Erstens: Mag sein.

Zweitens: Im Verhältnis zu was?

Drittens: Gefällt Ihnen das Produkt so gut, dass Sie schon nach dem Preis fragen?

Viertens: Wollen Sie eine gute und vernünftige Beratung oder Ramsch kaufen? Gute Beratung kostet nun mal Geld.

Fünftens: So geht es mir auch mit vielen Produkten, wenn ich dann den Wert und den Nutzen dahinter verstanden habe, bin ich gerne bereit, den Preis zu bezahlen. Ist Ihnen an meinem Nutzen und Mehrwert noch irgendetwas unklar?

"Schwankt zu stark"

Antwort: Ohne Schwankungen gibt es derzeit leider keine Renditen. Wollen Sie garantiert wenig Zinsen, für die Sie sich später weniger als heute kaufen können, oder mit Schwankungen einen höheren Ertrag erzielen?

"Das macht mein Berater"

Antwort: Sehr gut, dass Sie sich schon jemandem anvertrauen. Soll sich der mal ein bisschen mehr anstrengen? Wechseln werden Sie doch nur, wenn ich besser bin, oder? Darf ich das unter Beweis stellen?

"Ich habe schon alles"

Erstens: Was genau?

Zweitens: Was spricht dagegen, sich das einmal neutral überprüfen zu lassen? Wenn es gut ist, haben Sie eine zweite Meinung, wenn es schlecht ist, können Sie froh sein, dass sich jemand der Sache angenommen hat.

"Kein Interesse"

Erstens: Davon gehe ich aus. Sie wissen ja noch nicht, um was es geht.

Zweitens: Gibt es eine Möglichkeit, etwas zu besprechen, das Sie interessieren könnte?

"Kein Geld"

Erstens: Davon

Antwort: Soll das so bleiben? Oder wollen wir dafür sorgen, dass Ihr Geld mehr wird?

"Keine Zeit"

Antwort: Genau deshalb möchte ich mich mit Ihnen zusammensetzen. Die Branche ist so komplex, dass Sie Wochen brauchen, um alles zu verstehen. Ich bringe Ihnen das Essenzielle in zwei Stunden näher, Sie entscheiden dann, wie es weitergeht.

"Schicken Sie erst mal Unterlagen"

Antwort: Könnte ich machen. Das würde aber mindestens einen 7-½-Tonner-Lkw füllen, da ich nahezu alles anbieten kann. Mein Vorschlag: Ich komme kurz vorbei, frage Sie ein paar Dinge und entwickle ein auf Ihre Wünsche ausgerichtetes einmaliges Konzept. Danach können Sie entscheiden, ob Ihnen das gefällt.

"Sie wollen doch eh nur etwas verkaufen"

Antwort: Klar. Möglichst schnell und möglichst viel. Am liebsten ist mir Ihr ganzes Netto-Einkommen für die monatliche

Altersvorsorge. Dann habe ich am meisten verdient. Da das nicht geht, sollten wir schauen, was möglich ist, okay?

"Alle Versicherungsvertreter sind Verbrecher"

Antwort: Welche Erfahrungen haben Sie denn gemacht? Schauen Sie einmal, was meine Kunden über mich geschrieben haben (*Referenzen vorzeigen*).

Zum Abschluss habe ich für Sie noch ein letztes Argument parat, das Sie einsetzen können, bevor Sie gehen, um den Gesprächspartner zumindest nachdenklich zu stimmen:

„Ich sehe, wir sind da sehr unterschiedlicher Auffassung. Sie sagen, Sie haben alles richtig gemacht; ich behaupte, Sie rennen in ein großes Problem. Sollten Sie Recht haben und sich trotzdem mit mir zusammensetzen, ist Ihr größtes Risiko, sich zwei Stunden unnötig Zeit für etwas genommen zu haben, und Sie werden hinterher feststellen, dass Sie wirklich alles richtig gemacht haben.

Sollte ich Recht haben und Sie sich nicht mit mir zusammensetzen, haben Sie später im Alter ein riesengroßes Problem. Verpasste Möglichkeiten werden Sie nie wieder aufholen können und nicht den Lebensstandard halten können, den Sie sich heute für später vorgestellt haben.

Was sollen wir tun? Ignorieren oder zusammensetzen?“

VI. Checkliste: der eigene Status quo

Ich hoffe, Sie konnten aus dem Buch dasjenige herausziehen, das Ihnen in Ihrer Arbeit nützt. Setzen Sie es Stück für Stück in die Tat um. Suchen Sie sich zu Beginn einen Hinweis oder ein Thema heraus und integrieren Sie diese in Ihre alltägliche Praxis.

Versuchen Sie nicht, alles auf einmal zu tun. Das klappt erfahrungsgemäß nie – Sie bleiben stehen und setzen gar nichts mehr um. Wenn eine Sache funktioniert und in ihrer Anwendung selbstverständlich geworden ist, nehmen Sie sich der nächsten an. So können Sie sukzessive Ihr Know-how im Fondsverkauf verbessern. Dabei wünsche ich Ihnen viel Erfolg und viel Spaß!

Im Nachfolgenden finden Sie noch eine Liste, in der die einzelnen Schwerpunktthemen des Buches zusammengefasst worden sind. Überprüfen Sie für sich ehrlich und schonungslos, wo Sie stehen. Dann können Sie anschließend entscheiden, welcher Punkt als Erstes umgesetzt werden soll.

Umsetzungsmöglichkeiten und -grad	
Thema (Seite)	**Skala 1 bis 9**
Fondswissen vertiefen (59)	
Zuhören (98)	
Dinge umsetzen (100)	
Strukturieren der Arbeitsprozesse (101)	
Vision (103)	

Umsetzungsmöglichkeiten und -grad	
Thema (Seite)	**Skala 1 bis 9**
Alleinstellungsmerkmal (107)	
Sichtbarkeit (111)	
Zielgruppendefinition (115)	
Interessentengewinnung (118)	
Empfehlungen (128)	
Verkaufsgespräch (136)	
Betreuung (130)	
Überprüfung der Prozesse (133)	
Mehr sein als tun (138)	
Gesprächsablauf – schwerpunktmäßig zuhören (140)	
Entscheidungskriterien des Kunden herausfinden (144)	
Kundentyp erkennen (145)	
Seine Sprache erkennen (149)	
Die fünf Fragen stellen (151)	
Mehr hinterfragen (156)	

Umsetzungsmöglichkeiten und -grad	
Thema (Seite)	**Skala 1 bis 9**
Vorabschlussfrage stellen (157)	
„Das Besteck“ erzählen (163)	
„72er-Regel“ erzählen (164)	
„Weg des Geldes“ erzählen (165)	
„Der Tagesablauf“ erzählen (168)	
„Fußballfeld“ erzählen (170)	
„Inflation“ erzählen (172)	
„Die Badewanne“ erzählen (177)	
„Rentenbescheid“ erzählen (178)	
„Rentenlücke“ erzählen (180)	
In der Sprache des Kunden reden (150)	
Einfache Worte benutzen (188)	
Nur so viel erklären, wie wirklich notwendig ist (157)	
Fragen sammeln und von hinten beantworten (187)	

Fazit und Dank

Ist Ihnen das Zitat der alten Großmutter aus Kapitel drei noch vertraut? Auf die Frage, ob Gemüse gesund sei, hatte sie geantwortet: Das kommt darauf an, man muss es auch essen. Genauso verhält es sich mit diesem Buch (wie mit allem anderen auch). Sie werden nur besser, wenn Sie die Ideen umsetzen, sie für sich adaptieren, zurechtrücken und etwas Eigenes daraus machen.

Nehmen Sie sich die Skala aus dem Anhang, mit der Sie getestet haben, wo Sie stehen. Danach wählen Sie einen Punkt und probieren ihn aus, bis er in der Handhabung sitzt. Erst danach sollten Sie mit dem nächsten fortfahren. Es bringt nichts, alles gleichzeitig umsetzen zu wollen.

Sie müssen von dem Umsatz leben, den Sie produzieren. Wenn Sie alles auf einmal verwirklichen wollen, wird es wahrscheinlich nicht funktionieren, und Sie lassen aus Angst, zu versagen, alles weg oder beim Alten. Das wäre schade.

Sollten Sie Fragen zu den Inhalten haben, schreiben Sie mir gerne. Ich wünsche Ihnen viel Spaß und Erfolg beim Lesen und Umsetzen des Stoffes und würde mich freuen, wenn Sie mir über Ihre zukünftigen Erfolge per E-Mail (info@udokerzinger.de) berichten würden.

Eine große Motivation, die mich dazu bewegt, jeden Tag weiterzuarbeiten, ist, andere Menschen zu befähigen, im Leben erfolgreich zu sein. Mit meiner Tätigkeit möchte ich einen Unterschied in der Welt ausmachen – aber den gibt es nur, wenn Sie letztendlich den Erfolg haben, den Sie sich wünschen.

Danksagungen

Danken möchte ich verschiedenen Personen und aus verschiedenen Gründen: einerseits für ihre Unterstützung – und andererseits dafür, dass sie mir als Vorbilder weitergeholfen haben. Dabei ist es unmöglich, allen zu danken, denn das Know-how, das ich in den vergangenen 15 Jahren sammeln durfte, wurde mir von vielen

Menschen vermittelt. So viele haben mitgewirkt, so dass ich mich nur auf diejenigen beschränken kann, die konkret für dieses Buch mit verantwortlich sind.

Christian Machts, Managing Director bei BlackRock, danke ich für sein Vorwort sowie seine Weitsicht und die Bereitschaft, mit mir neue Wege zu gehen. Ein ganz besonderer Mensch, mit dem man im engen Vertrauensverhältnis zusammenarbeiten kann. Ein sicherlich viel gehegter Wunsch, der in dieser Branche leider zu selten verwirklicht wird.

David Valerius, Key-Account-Manager beim Maklerpool Fonds Finanz, danke ich für sein offenes Ohr, seine große Herzlichkeit und die Bereitschaft, immer zu helfen, wenn etwas benötigt wird (auch wenn dabei nichts für ihn zurückkommt). Auch mit ihm ist diese enge, vertrauliche Zusammenarbeit möglich.

Michael Jeinsen, Makler aus Berlin, danke ich für die Motivation, dieses Buch zu schreiben, und dafür, mir die Türen beim VersicherungsJournal-Verlag geöffnet zu haben. Dr. Jochen Sommer für die Coachings im Bereich Systematisierung. Mir ist kein anderer Mensch bekannt, der derart strukturiert arbeitet. In der kurzen Zeit unserer Begegnung hat er mich eine Menge gelehrt.

Danke auch an meine Führungskräfte aus vergangenen Tagen. Sie haben mir das strukturierte Verkaufen beigebracht.

Dirk Richtering, Alexander Ihl und Martin Eberhard sei gedankt für die Inspiration, die jedes Gespräch mit ihnen bietet und die mir dabei hilft, neue Ideen zu entwickeln. Einige davon wurden auch in diesem Buch beschrieben.

Nicht zuletzt gilt mein Dank meiner Frau Inna, da sie mich während eines Sommerurlaubs dieses Buch hat schreiben lassen, weshalb sie wenig Zeit mit mir verbringen konnte.

Letztendlich soll hier allen Teilnehmern der Trainings aus den letzten drei Jahren gedankt werden. Denn diese sehr praktisch gehaltenen Trainings liefern jedes Mal viel Input und Feedback dazu, was funktioniert und was nicht. Daran konnte ich erkennen, was nicht nur bei mir, sondern auch bei anderen umsetzbar ist. Und nur das ist in diesem Buch auch dargestellt worden.

Über den Autor

Udo Kerzinger wurde 1975 in Bruchsal geboren. Nach seinem Abitur begann er ein Musikstudium mit dem Schwerpunkt Chor- und Orchesterleitung. Mit seiner sich anschließenden Ausbildung zum Versicherungsfachmann (IHK) und zertifzierten Fondsspezialisten wechselte er in die Finanzbranche. Es folgten Weiterbildungen im Bereich der Kommunikationstechniken und -methoden.

Seit 2000 arbeitet Udo Kerzinger als Verkäufer im Vertrieb von Versicherungs- und Finanzprodukten (als selbstständiger Handelsvertreter), bei dem er bis in die Direktion in leitender Position tätig war. Udo Kerzinger ist seit 14 Jahren auch als Vertriebstrainer in seiner Funktion als Vertriebsdirektor tätig gewesen. In dieser Zeit hat er eine eigene Vertriebsorganisation aufgebaut und geleitet. Dabei wurden über 2.000 Verkaufsgespräche und 1.200 Einzelcoachings durchgeführt.

Anfang des Jahres 2013 hat der erfahrene Praktiker ein eigenes Beratungsunternehmen gegründet. Er richtet sich damit an Unternehmen, Selbstständige sowie an Verkäufer, zu deren regelmäßigen Berufsalltag es gehört, aktiv auf Kunden zuzugehen. Der Verkaufstrainer führt Seminare zu praxisorientiertem, schnell umsetzbarem Wissen über die Themen Verkauf, Rhetorik, Kommunikation, Persönlichkeitsentwicklung, Vermögensaufbau und Unternehmensentwicklung durch.

Nähere Informationen zu seinem Angebot finden sich unter www.udokerzinger.de oder direkt per E-Mail unter info@udokerzinger.de.

Thomas Leithoff

Die fondsgebundene Versicherung

Rechtliche und fachliche Grundlagen zur Konzeption und Vermittlung von Fondspolicen

Längst hat die Diskussion über die Zukunftsfähigkeit klassischer Lebensversicherungen mit Garantiemodell auch Medien und Verbraucher erreicht. In seinem Buch „Die fondsgebundene Versicherung“ greift Thomas Leithoff die Debatte auf und lenkt den Blick auf eine erprobte Alternative.

Der Jurist und Versicherungsexperte beschreibt den Produkttyp als eine sinnvolle Kombination aus einer Kapitalanlage und dem Schutz vor biometrischen Risiken. In seinem Buch werden alle wesentlichen Informationen zu den rechtlichen und wirtschaftlichen Dimensionen des Themas zusammengetragen. Leithoff erklärt die Zusammenhänge zwischen Kalkulation, Versicherungsmathematik, Geschäftsplan und Allgemeinen Vertragsbedingungen und liefert ihre Einordnung nach deutschem Recht.

Das Buch richtet sich an Fachleute, Juristen und Vermittler, die sich mit Fondsprodukten befassen, und will das Verständnis für grundlegende Begriffe und Methoden vertiefen.

Es ist im VersicherungsJournal-Verlag erschienen und als gedruckte Papierversion (ISBN 978-3-938226-35-3) oder als E-Book (ISBN 978-3-938226-36-0) zu beziehen.

Michael Jeinsen

Zielgruppenanalyse Apotheker

Status, Bedarf und Lösungen – Chancen zur Spezialisierung

Über die Risiken und Nebenwirkungen von Arzneimitteln wissen Apotheker bestens Bescheid. Was aber die sonstigen Risiken in Beruf und Leben betrifft, sind Apotheken meist völlig unzureichend und am Bedarf vorbei versichert.

Die Zielgruppenanalyse „Apotheker" will das ändern. Das Buch zeigt, wie die Apothekerwelt tickt und Vermittler von einer Spezialisierung auf dieses Kundensegment profitieren können.

Das nötige Wissen liefert Michael Jeinsen in seinem Buch. Er beschreibt die Welt der Apotheken und die dazugehörigen Berufsbilder. Der Autor erklärt Mentalität und Merkmale der Kundengruppe und zeigt anhand vieler Praxisbeispiele, was für eine erfolgreiche Kundenansprache getan werden muss.

Erklärt werden die konkreten apothekerspezifischen Risiken und welche Absicherungslücken, Haftungsrisiken und Lösungsmöglichen in der Sach- und Lebensversicherung vorhanden sind. Zudem erfährt der Leser, wie man mit zusätzlichen Services punkten kann.

Die Zielgruppenanalyse ist im VersicherungsJournal-Verlag in zweiter, neu bearbeiteter und erweiterter Auflage erschienen und als gedruckte Papierversion (ISBN 978-3-938226-55-1) oder als E-Book (ISBN 978-3-938226-54-4) zu beziehen.